RECLAM-BIBLIOTHEK

Hexenei & Krötenstuhl versammelt literarische Liebes- und Haßliebeserklärungen an die fünfzig maßgeblichen europäischen Großpilze, erklärt, was es mit der Pilzstelle als mythologischem Ort auf sich hat, klärt darüber auf, was mit der lästigen Pilzesammlerkonkurrenz geschehen soll, decouvriert die skrupellosen Machenschaften der Zuchtchampignonmafia und bietet überdies hochbrisante Neuübersetzungen aus dem Mykologenlatein. Ganz nebenbei wird eine kleine Sensation präsentiert: Der erst kürzlich entdeckte Tantelfintling erlebt seine literarische Premiere.

Michael Rudolf, geboren 1961, ist »Biergegenpapst« (Bild) und schreibt für Titanic, taz und Eulenspiegel. Zahlreiche Buchveröffentlichungen, u. a. *Bier! Das Lexikon* (1997, mit Jürgen Roth) und *Trost und Unrat. Polemiken Abrechnungen Grobheiten* (2001).

Michael Rudolf

Hexenei und Krötenstuhl

Ein wunderbarer Pilzführer

Mit Gastbeiträgen von Wiglaf Droste, Vincent Klink, Eva Rudolf und Horst Tomayer

RECLAM VERLAG LEIPZIG

Mit 51 Abbildungen

Besonders herzlicher Dank an Hartmut Krüger,
Ina Rudolf und Gottfried Rudolf

ISBN 3-379-01736-1

Reclam-Bibliothek Band 1736
1. Auflage, 2001
Reihengestaltung: Hans Peter Willberg
Umschlaggestaltung: KOCMOC.NET, Leipzig, unter
Verwendung einer Zeichnung von Hubertus Blase, Greiz
Gesetzt aus Stempel-Garamond
Satz: Reclam Verlag Leipzig
Druck und Bindung: Reclam, Ditzingen
Printed in Germany

Inhalt

Die Fruchtkörper des europäischen Großpilzes und ihre Lage in der Gesellschaft

Ein Vorwort

Pilze also. Alle Jahre wieder gerät eine obstinate Teilpopulation aus dem Häuschen, wenn die ersten ausgiebigen Sommerregen verdampft sind und um die Ecke schüchterne Vorboten den Herbst ankündigen. Wie besessen storchen und kriechen zu allem bereite Mitbürger durchs Unterholz, fingern zuchtlos in der warmen, weichen Erde oder schrauben die Fruchtkörper des europäischen Großpilzes zum Zweck gierigen Verschlingens aus seinem Substrat. Vom jäh aufbrechenden Jagdeifer getrieben, verwüsten sie die Forsten, vertreiben, Blödsinn brüllend, das Schalenwild, nehmen die Mülltrennung gleich im Wald vor und hinterlassen auch ansonsten reichlich und nachhaltig Spuren, die der vernunftbegabten Kreatur einen schlagenden Beweis geben, daß es nicht nur gute Effekte bei der Evolution zeitigt. Diese Rasenden wollen immer mehr Pilze gesammelt haben, als jemals wachsen könnten, und im Interesse des Bestandsschutzes sollten wir ihnen den Zutritt zu unseren heimischen Waldungen strikt verwehren.

Uns hatte es zur Zeit der Niederschrift ähnlich erwischt. Mildtätigfeuchtes Wetter sorgte dafür, daß wir uns nicht mehr retten konnten: Randvoll war der Wald von Riesensteinpilzen – bestürzend schön, dreißig Zentimeter hoch, mit Hüten wie Frisbeescheiben und Stielen wie Kinderbeine. Selbst Blinde hätte man mit Sensen zu den gruppendynamischen Kobolden ins Dickicht schicken können. Hatten wir den ersten gefunden, war ans Aufhören nicht mehr zu denken; die Knie eitrig gescheuert, das Gesicht von Spinnennetzen und die Hände von Harz verklebt, auf dem Kopf mehr Tannennadeln als Haare, von Holzböcken und zerknautschten Bierdosen bombardiert, so mußten wir perpetuieren, bis das Entzücken in Verzücken, was sagen wir, Entrückung ausartete. Selbst moribund würde uns der Pilzabschneidereflex die letzten Augenblicke versüßen.

Beim Putzen wurden die Herbstabende lang, und unsere befremdlichen Anwandlungen trieben uns ins soziale Nichts. Einher damit ging die mykophil bedingte Vernachlässigung der Oberbekleidung, die es auf Anhieb kaum angeraten erscheinen ließ, sich dem Verdikt der Öffentlichkeit auszusetzen. Unsere Bekannten befanden es für ratsam, diplomatisch ihre Beziehungen zu uns abzubrechen, da wir deren nützliche Ermahnungen, verblendet von rein mykozentrischer Kognition, sowieso in den Wind schlugen. Kein Fußbreit mehr in der Behausung, der nicht mit trocknenden Pilzen ausgelegt war – dazu Pilzpulver, Pilzsuppe, gebraten, gefüllt oder als Füllung, sauer, süßsauer, eingesalzen, blanchiert, vinifiziert, milchvergoren oder als Extrakt. So der Speiseplan für das laufende Jahr. Das muß man sich mal vorstellen.

Dem strikt aufklärerischen Anspruch dieses Bändchens gehorchend, muß hier leidenschaftlich angemerkt werden, daß es sich beim Sammelziel nur um die Fruchtkörper handelt. Der eigentliche Pilz ist das Mycel, ein weißliches, Fäulnis liebendes, teils saprophytisch, teils symbiotisch mit Bäumen, teils parasitisch lebendes Geflecht, welches Wald-, Park-, Wiesen- oder Ruderal-Böden wundersam unterkellert. Nahezu fünfzigtausend Arten kennt die Wissenschaft weltweit, höchstens einhundert bis einhundertfünfzig davon erfahren durch meist thermische Behandlung speiseplanerische Bedeutung. Etwa einhundert sind toxisch, sechs bis acht letal. Wir beherzigen den Grundsatz: Eßbar sind die Pilze, die am wenigsten giftig sind.

Jahrhunderte durchzieht die Mythisierung des geselligen Waldschmucks unser mündlich und schriftlich fixiertes Gedankengut. Gegessen hat man ihn ursprünglich nur zu kultischen Zwecken, seine Wirkungsweisen waren eher Gegenstand vorsintflutlicher Ratespiele, und für die meisten Steinpilz-, äh … Steinzeitmenschen war die Empirie diesbezüglich abschreckenden Charakters.

Es hat lange gedauert, bis der Pilz seines Platzes auf dem Speiseplan des Primaten sicher sein durfte. Apicius hinterließ sage und schreibe sechs Pilzrezepte, Plinius d.J. schwärmte von Egerlingen und Trüffeln, der heilige Augustinus war hin und weg, und Hildegard v. Bingen verfaßte noch mehr Rezepte unter Verwendung des aromatischen Fäulnisproduktes. Platina verehrte Weiße Trüffeln, Johannes Hartlieb zeichnete in seinem Kräuterbüchlein Pfifferlinge auf Pergament, Oliver de Serres gelang es im 17. Jahrhundert erstmals, Egerlinge zu züchten, und dann war kein Halten mehr.

Die eigentliche Mykologie darf das 18. Jahrhundert als ihre Wiege betrachten – man begann mit der chemischen Analyse und auch mit der systematischen Einteilung. Volksnahrungsmittel waren Pilze deswegen noch lange nicht; Respekt und der blanke Schiß vor den Folgen hielten weite Teile der Bevölkerung vom Verzehr ab. Ausnahmen bildeten Hungersnöte, Kriege etc. – da kam jedes Mittel recht. Aber Genießbarkeit oder Ungenießbarkeit sind nicht eben gleichbedeutend mit ansprechender Sensorik, geschweige denn mit Bekömmlichkeit. Eßziel sollten ja nicht das anschließende Magenauspumpen oder explantierte Gallen und Lebern sein. Die in vielen Hinsichten unerfahrene Forschung formulierte zudem für namhafte Pilze eine Giftigkeit, die wir als legitimen Vorläufer der heutigen, konservativ motivierten Rauschfeindlich- und Ängstlichkeit ansehen dürfen.

Ebenso uneins wie bei der ernährungsphysiologischen Bewertung ist man lange Zeit auch bei der generellen Klassifizierung geblieben. Dem Pflanzenreich wollte man die Pilze nicht einfach zuordnen, weil sie keine Photosynthese betreiben, dem Tierreich aber auch nicht, weil sie sich nicht fortbewegen können. Daher wurde unter großem Jubel das Pilzreich, die Funga, installiert. Und überlegen wir uns, daß die Hefe auch ein, wenngleich einzelliger Pilz ist, kann man schon ins Grübeln kommen. Hefe selber essen, das darf freilich kaum alleiniger Sinn des Lebens sein. Was sie jedoch bei geschickter Steuerung durch Menschenhand anzurichten imstande ist, das können wir uneingeschränkt als essentiell einstufen: Backwaren, Wein und Bier. Für viele Menschen braucht's nicht mehr. – Höchstens noch eine Pfanne gebratener Morcheln. Oder zwei.

Neben der nicht hoch genug zu lobenden landschaftshygienischen Funktion (Wald- und Wiesenaufräumdienst) stellt die landschaftsästhetische Funktion einen weiteren wesentlichen Pfeiler ihrer Beliebtheit dar. Weniger beliebt sind Pilze, die als Hausschwämme das solide gegründete Fundament des Hausbaues zum Wanken bringen. Und essen kann man sie auch nicht. Wie übrigens auch die Hautpilze. Hiermit ergeht eine ausdrückliche Warnung.

Ein Köstlichkeitskontinent hingegen: der Steinpilz. Der wird zwar als lebende Pilzlegende verehrt, aber den Kenner und veritablen Pilzfreund erkennen wir in nullkommanichts daran, ob er frische Steinpilze zu verspeisen bereit ist (besonders krasses Beispiel: Steinpilze in Olivenöl gebraten. In Olivenöl!) oder ob er himmlische Regionen anstrebt und den getrockneten Pilz seinen dunklen Bratenfonds beigibt, die alsdann jede weitere Fragestellung »lächerlich und klein« (R. Mey) erscheinen lassen. Fehlt das Loblied auf die Morchel, die hellen Saucen zum Suchtmittelstatus verhilft, auf die Trüffeln, die Herbsttrompeten, die Kaiserlinge, die Edelreizker, die weißen Anisegerlinge ...

Die eingangs erwähnten gemeinen Zeitgenossen entraten der subtilen Kenntnis eßbarer Pilze und ihrer geschmacksamen Zubereitung, und so ist es ein von nicht zu übertreffender Beruhigungswirkung getragener Umstand, wenn ihnen auch das Wissen fehlt, daß die Pilzsaison eine ganzjährige ist. Dies hat die Natur in ihrer Wissenszuteilung weise geregelt. Daran wollen wir auch nicht rütteln. Wir sollten sie großmütig darauf hinweisen, wie fleißig der örtliche Einzelhandel genügend Zuchtware in den verschiedensten Konservierungsformen feilhält, und dieses Buch strengstens limitiert und nur gegen Vorlage eines beglaubigten Reifezeugnisses abgeben.

Saisonstart am Elfenteich

Schuppiger Porling

Polyporus squamosus

Es ist Ostersonntag. Wie jedes Jahr um diese Zeit völlig anderes Wetter. Der Elfenteich liegt heuer ruhig, sogar vollständig aufgetaut. Bei geeignetem Licht erinnert er an eine riesige türkise Glasplatte. Seine Form spielt ins Dreieckige, sein Inhalt wird aus einem geringfügig oberhalb gelegenen Sumpfgebiet gespeist. Knappe achtzig Meter lang, sechzig Meter breit, vielleicht vier Meter tief. Den Waldparkplatz erreicht man privat motorisiert, von da sind es noch eintausendfünfhundert Meter, die man – aufgebläht vom Karfreitagsbraten – laufen, zur Not auch mit dem Klapprad bewältigen kann. Auf dem Dammweg monstermäßige Eichen und Linden, die den Weiher die Hälfte des Tages vor der zudringlichen Sonne schützen. Die andere Hälfte ist mit mittelalterlichem Ulmen-, Eschen- und Fichtengehölz umkränzelt.

Fehlt der röhrende Hirsch.

Doch es kommt viel schlimmer. Die frohe Osterbotschaft lautet: hier wird angebadet.

Ein nicht unerhebliches Randmilieu praktiziert nackig angezogen etwas, das seine Ungeheuerlichkeit allein schon in der Abkürzung manifestiert: FKK. Freikörperkultur oder freie Körperkultur feiert heute seine Auferstehung.

Mit einem Schlag ist die Ruhe von der Erde getilgt. Die Bälger werden angepflockt, die Claims für Badedecken, Handys und Kofferradios abgesteckt. Neutrale Beobachter fragen sich eben entsetzt, ob die Bäume dagegen resistent sind, da haben die ersten Wagemutigen ihr Versandhausornat abgeworfen und besteigen das eisige Osterwasser. Quieken, Jodeln und andere paarungsbegleitende Lautformungen werden zügig reaktiviert. Und mit Daumen und Zeigefinger gibt man scherzhaft die Wassertemperatur wieder.

Auftritt der markige Platzhirsch vom Dienst, der röhrend, mit baumelndem Gemächt nicht akkreditierte Spanner verjagt. Drahtige SozialdemokratInnen verwalten das Kaffeegeschirr, wechseln die Wischtücher aus, schauen auf Ordnung (Abfallbeutelchen aufhängen!) und zählen mit, wer wen wie oft oder nicht gegrüßt hat.

Von Elfen jedoch weit und breit keine Spur. Dafür Schuppige Porlinge.

Aber ehe sich die Fußpilz-FKK-Bande verzogen hat, ist es stockfinster. Wie also bis zu den weiträumig abgesperrten Porlingsvorkommen vordringen? Mit dem Mut der Verzweiflung ignorieren wir die imperativen Kommunikationsformen der Nackten, denn der Lohn wird himmelsgleich sein. Die Realität ist mit einem Mal sowieso abgeschaltet, denn wir pulen Schuppige Porlinge von den Baumstämmen, die das Auenwaldrelikt stilecht auskleiden. Beschimpfungen perlen ebenso an uns ab wie das Infragestellen unseres Geisteszustandes. Ein lockeres Pfund der stämmigen Fruchtkörper wandert in den eigens mitgeführten Karton, nicht ohne vorher einzeln gestreichelt worden zu sein. Das gehört dazu. Gurkendominierte Duftmarken hüllen uns ein. Konzentrische braune Schuppen lagern auf dem exzentrischen ockeren Huttrichter. Weißliche, fast eckige Röhren haben sich von unten in das Hutfleisch gebohrt und täuschen eine Wabenstruktur vor. Ein Pfund, mit dem man wirklich wuchern kann. Nur den Stiel brauchen wir nicht und auch nicht ihre trotteltumben Blicke, wenn wir die Sichtachsen der Ausgezogenen schneiden.

Im Gegensatz zu uns haben sich die Tiere des umliegenden Waldes längst mit der Badeplage arrangiert. Sie stören die Zweibeiner nicht mehr beim Kacken im Gebüsch, fressen ihnen auch nicht mehr die Kinderwägen leer. Es will fast scheinen, daß der Mensch Mutter Natur wieder ein Stückchen abgerungen hat. Wenigstens zu Zeiten der Badesaison. Und die endet erst um Allerheiligen.

Dann können sich Fuchs und Hase endlich wieder ungestört »Gute Nacht« sagen.

Makrokosmos Märzmulch

Frühlingsweichritterling

Melanoleuca cognata

Vor vielen Jahren faßte ich zu einem sanften Fräuleinwunder tiefe und feste Zuneigung. Das Entwerfen von Zähnen erlernte sie damals. Sie war von geradem Wuchs, ihr Wesen klar wie das Herbstwasser. Der Klang ihrer Stimme umschmeichelte die Erde, und ihr ebenmäßiges Antlitz beschämte alle Blumen. Alle. Mein Herz geriet ganz außer mir, und mein Inneres kam in heillose Erregung. Aber strenggenommen geht Sie das überhaupt nichts an. Ihre Wirkungsstätte ist nunmehr eine kleine Zimmerkombination, die auf den Namen Praxis hört. Täglich gehen dort Millionen Versehrter, Trost- und Ratsuchender ein und aus, schnüren ruhelos nächtens vor den Türen auf und ab. Bittsteller und Emissäre belegen von früh bis spät den Platz, den eigentlich Dentalvertreter für sich beanspruchen, um den neuesten Klimbim auszuschreien.

Jahrein, jahraus, vor Sonnenaufbruch, eilt die Frau schwebenden Schrittes dahin. Gutes tun. Weit nach Sonnenniedergang finden ihre wunden Füße den Weg nach Haus. Nun kommt es an mich, Heil- und Kostenpläne für sie zu kopieren, mich in bestätigender Weise auszusprechen, wenn sie beim Abendbrot erwägt, Herrn X. eine Soundsobrücke zu applizieren. Vorruheständler P. s neue und sicher kaum billige Prothese passe nicht, Lina F. habe ihre Füllung wieder verloren. Wild aufwühlenden Träumen gilt es mit beschwichtigenden Worten einen milden Ausgang zu vermitteln: Kann Frau Z.s Fünfer vor der Extraktion gerettet werden? Wird sie zu ihrem Termin erscheinen und ihr Kärtchen nicht vergessen? Und wird ihr Sohn die Fahrschule bestehen? Meine Frau leidet und fiebert mit. Ich auch.

Ein ganzer Landstrich legt Zeugnis ab von ihrem Verständnis für die Ebenmäßigkeit des menschlichen Gebisses. Dreihundertmal am Tag erklärt sie den Patienten nachsichtig den Makrokosmos Amalgamfüllung, und jedes ihrer Worte gehörte dabei rot umrandet. Verklärten Blickes verlassen die Geheilten das Anwesen. Lob springt von ihren vormals aufgesprungenen Lippen. Denn so schlichtet sie ganz nebenbei mit kundiger Hand Ehezwist, bannt Prüfungsangst, Perspektivlosigkeit, Verdruß und nicht zuletzt Drogenmißbrauch. Das Dasein wird täglich um ein Gramm erträglicher durch das Tun dieser Zahnärztin. Begreifen wird dies, wer die Tiefe des Zahnschmerzes und aller davon induzierten restlichen Weltenübel jemals ermessen hat.

Außerdem trifft sie zur besten Märzzeit im naßschwammigen Mulch vor dem benachbarten AOK-Gebäude auf eine muntere Population allerfeinster Frühlingsweichritterlinge. Sicher, schmerzgeplagte Patienten haben andere Dinge im Kopf, als im Frühjahr Pilze zu sichten. Doch selbst dem normalen Passanten verbirgt sich der Mikrokosmos Frühlingsweichritterling. Und so rundet die singulare Frau ihr vornehmes Wesen ab mit dem quellwasserklaren Blick für das Kleine, scheinbar Unwesentliche, das dem Hastenden auf stets Verborgene. Beringte Stiele mit dem cremeweißen Fleisch, die seidenmatte cognac- bis bleigraufarbene Hutglöckchen mit ockergelben Lamellen tragen.

Deren Strategie ist so klar wie einleuchtend. Zunächst schicken sie einen kleinen schwarzbehuteten Späher vor, kaum größer als ein bic-Feuerzeug. Verwegen schiebt er die Mulchsplitter auseinander. Sieht er die ihm aus winterlangen Beschreibungen wohlbekannte Zahnärztin vorbeischreiten, ruft er ihr Freundlichkeiten zu, sendet Schallwellen aus. Wendet sie ihm ihre Blicke zu, beginnt sein Hut vor freudiger Erregung graffitig zu leuchten. Das ist das Signal! Der Rest der Bande läßt seine Mulchneubauten wie Kartenhäuser einstürzen. Jeder will jetzt der Schönste sein. Jeder will der Erste sein, der Größte. »Nimm mich!« scheint in anthrazitener Schrift ihnen aufgestanzt. Einmal nur von diesen zarten Händen berührt werden – und wenn es den Tod bedeutet … Ein unglaubliches Schauspiel. Frühlingsweichritterlinge vor dem AOK-Headquarter. Fünfzig Stück auf einem Schub.

Der Weg ist das Ziel

Mairitterling

Calocybe gambosa

Hat eigentlich mal jemand präzis reflektiert, wieso es in Kenner- wie Laienkreisen immer heißt: Wir gehen Pilze suchen? – Wir gehen Pilze finden, sagt ja niemand.

Warum ist das so? Ganz einfach. Es ist der Jagdinstinkt, der sich uns erhalten hat. Ein untrügliches wiewohl auch trügerisches Relikt unseres früheren Daseins als Sammler und Jäger. Sicher, es heißt bisweilen auch: Wir gehen Pilze sammeln. Aber die Kardinalpunkte einer Jagd sind überzeugend genug erfüllt. Vom zum Teil unchristlich frühen Aufstehen, dem Anlegen waid- und waldgerechter Kleidung (feste Jacken und Hosen, Stetson und Stiefel), der Bewaffnung (Automobil und Taschenmesser), dem konspirativen Ausschwärmen in Topografien, die angeblich nur einem Sammler geläufig sind, dem überfallartig einsetzenden Sammel-, besser: Jagdrausch oder -fieber und der obligatorischen, allerdings selten angemessen objektiven Manöverkritik, welche das erfahrene Erhabene bald ins tosend Profane hinabzieht.

Trotzdem muß relativierend angemerkt werden, daß das Suchen, die Jagd als Handlung, sämtliche verfügbaren Reize ausschöpft. Im Fieberstadium »denkt« seltenst einer daran, wer und wie es verarbeitet werden soll. Sein Gefühl für Menge und Verhältnismäßigkeit, Raum und Zeit ist außer Kraft gesetzt. Das Bild, das man sich heute vom Sammler zu machen hat, gleicht nicht einem Passanten oder Wanderer, es gleicht vielmehr einem Krieger, dessen Handeln höchste Einfachheit und Sparsamkeit beherrschen und dessen kleinste Bewegung sich mit instinktiver Sicherheit vollzieht. Glauben wir nicht, daß wie nach dem Töten eines bösen Feindes, wenn wir ihm das noch wabbelnde Herz aus dem Thorax schälen und vernaschen, seine Kraft und sein Mut auf uns übergehen, glauben wir nicht auch, daß es mit den

Pilzen genauso ist? Wenn sie nicht unsere Feinde sind, so doch Mitarbeiter einer fremden Macht, die vielköpfige Entsorgungsfirma eines globalen Superkonzerns namens Natur, bei dem wir zu gern mitmischen würden. Dabeisein ist alles.

Es ist daher sehr verwunderlich, wenn unverhältnismäßig viele Pilzfreunde vom Zubereiten ihrer Lieblingsopfer keinen blassen Schimmer haben. Schon das Wort Putzen weht ihnen die entsetzlichsten Grimassen aufs Antlitz. Da möchten sie flugs davonlaufen. Auch das Essen, das Genießen des Erjagten führt bei vielen sehr bald zu erstarrender Routine und postkoitaler Apathie. Bei gefülltem Bauch ist schnell verdrängt, daß man vor kurzem noch leuchtenden Blicks die Fruchtkörpertrophäen wie Monstranzen angehoben und dreimal um den Fundort getragen hat. Hinterher bleibt nur die Scham.

Der Reiz des Suchens ist nicht das Finden, sondern das Suchen selber. Der Weg ist das Ziel. Leider kann man kaum auf hinreichende Sicherheiten bauen. Zwar kennt jeder Laie einige botanische Standardsituationen für eine halbwegs erfolgreiche Triebabfuhr, aber dies sind Menschen, die außer Heiderotkappe *(Leccinum versipelle)*, Steinpilz *(Boletus edulis)*, Anisegerling *(Agaricus arvensis)* und Pfifferling *(Cantharellus cibarius)* kaum je Artendiversifikation betrieben haben.

Laien wie Profis ist zweierlei gemeinsam. War das Jagdergebnis unbefriedigend, gibt es eine endlose Reihe Gründe. Der glücklose Jäger ist immer Opfer der Umstände.

War die Pilzjagd hingegen erfolgreich, dann erstrahlt die Jägerpersönlichkeit im gleißenden Blattgoldrahmen der Selbstüberschätzung.

Wie schön, daß es Ausnahmen gibt. Sehr leicht macht es uns der Mairitterling, einer der ersten Boten für die Eröffnung der hochoffiziellen Pilzsaison. Wohlwollende Mykologen umschreiben seine Präsenz mit etwa Ende April bis Ende Mai. Mairitterling-Spezialisten hingegen wissen, daß der Pilz exakt zum Georgstag (23. April; daher auch Georgsritterling) erscheint. Außer El Niño oder irgendeine andere Klimakatastrophe machen einen Strich durch diese Rechnung. Man hört da in letzter Zeit einiges.

Am nur wenig besonnten Waldrand, möglichst unter großzügiger Hainbuchenbeschirmung kann man sich mit ganzen Hexenringen dieser knuddeligen und fleischigfesten Ritterlinge verabreden. Gedrungen bis knollig hat sich der cremeweiße Stiel durchs Blattgold ins Morgenlicht gebohrt und sofort einen buckligen Hut aufgesetzt. Die Insekten halten auf Abstand. Pilze von Anstand, und das sind die Mairitterlinge, halten dafür auf Pünktlichkeit und folgen uns bereitwillig ins Sammelbehältnis. Wer sie einmal in der Hand gehabt hat, verwechselt sie auch nimmermehr mit dem giftigen Mairißpilz *(Inocybe patouillardii).* Dessen Muscarindosis ist zwanzigmal höher als beim Fliegenpilz *(Amanita muscaria).* Das bedeutet: starker Speichelfluß und Schweißausbruch, Schüttelfrost, Gesichtsrötung, Schwindel, Übelkeit, Leibkrämpfe, Durchfall, Sprech- und Sehstörungen bei vollem Bewußtsein. Herzlähmung erst nach acht bis neun Stunden.

Mairitterlinge geht man nicht suchen, man geht sie finden. Keine Spur von der schwitzenden Gier des Pilzjägers. Nur ein leichtes, fast beruhigendes Gefühl der Befriedigung macht sich breit. Prahlen hat kaum Sinn. Sollte uns doch mal ein Passant auf den Korbinhalt ansprechen, wird ihn die Form abschrecken. Und unsere Auskunft, diese Blätterpilze nachher mit Senf-Meerrettich-Sauce genießen zu wollen, schminkt seine Gesichtszüge mit allen Signalen der Verstörung und, sicher, auch Verständnislosigkeit nach.

Landtage

Nelkenschwindling
Marasmius oreades

Die feinen Kollegen wußten sich nicht zu lassen vor Neid, weil ich für ein paar Tage aufs Land verschwinden durfte, das elterliche Anwesen zu hüten. Doch nichts da.

Der Dorfblockwart versieht dort sein Tag- und Nachtwerk, und die nachbarlichen Kreissägen und Rasenmäher flöten frühmorgens ihre klare, gefühlvolle Weise dazu.

Die Luft hat eine Farbe, wie sie allenfalls in Zeichentrickfilmen vorkommt. Meine Blicke schweifen über sanfte, bewaldete Höhen am Horizont, und jeden Moment könnte eine überlebensgroße Spielzeuglok vorbeidampfen. Das wäre kein Wunder, denn die Eingeborenen haben die vormalige Landschaft komplett verschwinden lassen und restlos ihrer Modelleisenbahnästhetik untertan gemacht. Daß ich das Töchterlein bei meinen Erkundungen auf dem Add-Bike mitführe, veranlaßt die Landbevölkerung, nachdem sie, bis zum Äußersten entschlossen, mit Mistforken und Dreschferkeln herbeigelaufen ist, zu kritischen Kommentaren, die im Ton oberflächlicher Vorurteile gehalten sind. – Wir lassen Milde walten und grüßen mit der Sonne unserer Herzen.

Das häusliche Leben hält unvorhergesehene Prüfungen bereit. Mit dem Strom scheint hier einiges nicht zu stimmen, rätselhaft verschwindet er immer wieder in den Steckdosen oder traut sich gar nicht erst heraus, und die Schreibmaschine will sowieso nur noch rückwärts schreiben. Der nächtliche Mond sieht aus, als wenn er mächtig eins auf die Lampe bekommen hätte; irgendwie so schräg eingebeult. Herumstreunende Grundstücksspekulanten gilt es abzuwehren, dann noch kälteresistente Schmeißfliegengeschwader, die draußen jeden Kuhfladen zu einem schillernden Juwelenteller veredeln, sich aber genauso vom Küchentisch angezogen fühlen, wenn wir aus Versehen mal ein Fenster öffnen.

Mit unseren klobigen Schritten hätten wir beinahe die zerbrechlichzarten Nelkenschwindlinge am Dorfbachufer zertrampelt. Das heißt: Die Hüte sind zerbrechlichzart, ihre Stiele eher faserigzäh. Schnipst man mit dem Finger dagegen, vibriert der ganze Thallus. Wenn man sie nicht vorher zertrampelt hat. Das passiert, wenn einem die Fliegen die Sicht vernebeln. Obwohl: Die Schwindlinge waren so winzig, daß ihnen auch die glitzernden Tautropfen, die sie eigens als Vergrößerungslinsen aufgesetzt hatten, wenig nützten.

Dafür trifft das Gasherdungetüm keine Anstalten zu friedlicher Koexistenz; selbst simple Spiegeleier mit den Pilzwinzlingen verkommen zur Bewährungsprobe. Für die berühmte Schwindlingssuppe bräuchte man nun Kartoffeln, Kümmel und Knoblauch. Der Keller quillt zwar über vor aufgestapelten Weinpräparaten (Spätlese), doch die Kartoffeln fliehen mit wuchernden Keimtentakeln die Auf- und Zubereitung. Und der Kümmel legt, Restwürzkraft und Tütendesign anbetreffend, ein Verfallsdatum nahe, das ohne Mühe in der Phase der ersten Beatles-Erfolge anzusiedeln wäre. Ein paar Knoblauchmumien runden die prähistorischen Eindrücke ab. Bleibt verunglücktes Rührei mit Nelkenschwindlingen.

Wir sehen die kleinen Aromaträger förmlich die zierlichen Hütlein zusammenstecken und tuscheln: »Da stellt man sich nun in Reih und Glied und ausreichender Anzahl bereit, um ihm den Landaufenthalt zu veredeln, und was macht dieser Blödmann? Trampelt die eine Hälfte breit, die andere läßt er auf dem Gasherd verbrennen!«

Sie wurden seither nie wieder gesehen dort.

Zwischen Brendel und Teufelskanzel

Goldgelber Lärchenröhrling

Suillus grevilleï

Der Wald ist ein hosentaschenwarmer Gnadenort von einzigartiger Ambivalenz. Anderen erscheint er als ganz gewöhnlicher Wald. Nur für den Pilzkenner erhält er zusätzliche Konnotationen. Für ihn ist Wald nicht gleich Wald und kann es auch niemals sein. Für ihn teilt sich der Wald auf in Stellen und Nichtstellen, in ergiebige und nicht ergiebige Areale. Viele sehen den Wald vor lauter Pilzen nicht. Für Pilzunkundige ein schwer zu dechiffrierendes Gestrüpp aus botanischen Signalen, die den Fachmann auf einen Blick erkennen lassen, wo Steinpilz *(Boletus edulis)*, Parasol *(Macrolepiota procera)*, Perlpilz *(Amanita rubescens)* oder Butterpilz *(Suillus luteus)* zu haben sein werden. Oder Goldgelbe Lärchenröhrlinge.

Sein Lärchenröhrlingsquartier verfolgt der Autor seit frühester Kindheit. Das Ringelbachtal. Auf den moorigen Weiden des Ortsteiles G. sprudelnd, fusionieren die einzelnen Quellrinnsale unterhalb des Weges zum Vogelherd in einem Weiher; von da rieselt der Ringelbach die zwei Kilometer hinab, um sich, von einer saftigen Pferdekoppel geschmückt, in den Fluß zu ergießen. Das dafür benötigte Tal hat er in mühsamer Kleinarbeit zwischen Brendel (379,1 Meter) und Teufelskanzel (352,5 Meter) in den Boden gefräst.

Ursprünglich mit einem Mischbestand von Lärchen, Buchen und Fichten umsäumt, hat sich in den letzten dreißig Jahren am Bach viel gewandelt. Als Kind erinnert der Autor einen himmelhohen, düsteren Hochwaldbestand. Wenn die Eltern in die lockenden Schonungen verschwanden, hielt er die Stellung am kleinen 1A badetauglichen Fischzuchtteich. Dem einzigen Flecken, wo die Sonne länger ihre Flutlichtspuren hinterlassen konnte. Einmal hat er dort einen viel zu groß geratenen Hirsch wie in Zeitlupe durchs Gehölz brechen gesehen. Von Jahr zu Jahr wird dieses Tier in seiner

Vorstellung größer. So, wie er aussah, war er sicher auch unverwundbar. Bei solch einem Anblick müßte jeder Jäger mit einem Herz im Leib seine Flinte zu Kleinholz hacken.

Um 1968 bildete das Gelände ein romantisches Aufmarschgebiet für die Truppen der Sowjetarmee, die gerade damit ernst machte, dem kleinen Bruder in der Tschechoslowakei nachhaltige militärische Lektionen zu erteilen. Der Autor erinnert sich, mit seinem Großvater beim Pilzesuchen festgenommen und einen halben Tag gefangengehalten worden zu sein. Da war er sieben. Er erinnert sich außerdem, daß die Pilzgründe noch über Jahre recht spezifische Blessuren davontrugen. Etwa kindersarggroße Gruben hatten die Sowjetsoldaten gebuddelt und Millionen leere Fischkonservenbüchsen und Wodkaflaschen darin versenkt. Diese Gruben führten eine eigenartige Korrespondenz mit den Bombentrichtern der Amerikaner. Deren Luftwaffe hatte Februar 1945 auf ihrem Rückflug von Dresden, so erzählt man, die Stadt im schmalen Kerbtal zu spät entdeckt, und demzufolge landeten die Bomben bis auf zweidrei Ausnahmen im westlich umgeschnallten Waldgürtel. In diesen Trichtern sind bevorzugt Steinpilze zu haben.

Zu Hochwaldzeiten waren die Gründe auch für ihre Maronen *(Xerocomus badius)* berühmt, und in den eingestreuten Lärchenbeständen wimmelte es von Goldgelben Lärchenröhrlingen. Das änderte sich jedoch abrupt, als, es muß zur Studienzeit des Autors, um 1982, gewesen sein, die Forstbehörden befanden, das Holz sei schlagreif. Der Autor verfolgte jeweils von der Bahn aus mit tränenden Augen und geballten Fäusten, welches Planquadrat den erbarmungslosen Sägen ausgeliefert wurde. Von der Mündung aus fraßen sich die Baumtöter in Richtung Sprudelwiese. Der Teich verlandete in Stundenbruchteilen. Und das zögerliche Wachstum der üppig zwischen die verbliebenen Buchenskelette gepappten Fichtenstecklinge ließ den Autor ahnen, daß er die Reprise des Originalzustandes wohl nicht mehr erleben wird. Zunächst aber präsentierten sich die buckligen Hänge wie riesige Ameisenhaufen und trotzten stoisch Winden und Wassern.

Der Nachwuchs hat in den Jahren eine akzeptable Höhe erreicht, und man wird in Bälde auf Steinpilzbesatz prüfen müssen. Des verlandeten Teiches hat sich die Forstwirtschaft angenommen und ihn ausbaggern lassen. Feuerlöschteich heißt er jetzt. Der Autor hätte tausend schönere Namen für ihn. Baden geht nur im Frühsommer. Dann wächst er zu.

Unten, an der Weggabelung, neben dem Holzstapelplatz, hat bis heute ein leidgeprüfter Lärchenröhrling-Mycelstrang überdauert. Auch ohne Lärchen, obwohl er als Mykorrhizabildner angeblich streng an diese Baumart gebunden sein soll. In der Saison genügt ein kleiner Schauer, und die Ausbeute ist mehr als befriedigend. Nicht jeder Wanderer sieht zwischen den schützenden Halmen die bodenhaltungsspiegelei- bis aprikosenhälftenfarbenen und auch -förmigen Hüte funkeln. Standorttreu ist der Lärchenröhrling, gewiß, aber er zeigt sich nicht jedem. Auf den Zentimeter genau muß man die Stelle kennen, mehrfach ablaufen und von mehreren Himmelsrichtungen inspizieren, dann ist der Erfolg garantiert. Natürlich ist der Pilz vorsichtig geworden. Zuviel Schreckliches hat er erlebt und überlebt.

Kaum hatte zum Beispiel der Autor nach dem Studium Ansprüche auf dieses Gebiet geltend gemacht, zerstörte eine Windhose den ehrgeizig aufstrebenden Fichtenbestand. Abermals sah alles aus wie von Riesen gerupft. Ratlos staksten die Rehe über das Schauerfeld. Damit nicht genug: In der Firma machten die Neider mobil, verfolgten den Autor heimlich in seine Gründe, stahlen ihm sogar einmal das gut im Bombentrichter deponierte Rad. Generalstabsmäßig haben sie ihm die Maronenstellen geplündert und ruiniert, wie es nur Ignoranten und Unwissende, auf den schnellen und kurzfristigen Sammelerfolg erpichte Menschen tun können. Keinen Perlpilz ließen sie unbehelligt, keinen Rotfußröhrling *(Xerocomus chrysenteron)*, den sie nicht abgeweidet, keinen Fliegenpilz *(Amanita muscaria)*, den sie nicht in bösem Eifer zertrampelt hätten, selbst die harmlosen Samtfußkremplinge *(Paxillus atrotomentosus)* schonten sie nicht. Nur die Stelle mit den Goldgelben Lärchenröhrlingen, die haben sie nie gefunden.

Verletzter Stolz

Heiderotkappe

Leccinum versipelle

Man muß sich das so vorstellen: Der Pilz, besonders die Rotkappe, ist nicht gern Objekt. Wir glauben, das bereits hinreichend deutlich gemacht zu haben. Aber selbst in der vielmals unvermeidlichen Objektrolle ist fungisches Auftreten nicht ohne Eitelkeiten und Widersprüchlichkeiten.

Oft kann beobachtet werden, wie sich eine vernachlässigt geglaubte Pilzstelle samt Pilzpopulation sehr wohl Dinge uns gegenüber anmaßen, die dem unter zerstrittenen mitteleuropäischen Ehepaaren Üblichen ziemlich genau entsprechen.

Es gibt da dieses Mischwaldrevier, nach vorsichtigen Schätzungen vielleicht neun bis elf Jahre alt. Vorher ein öder Fichtenhochwald, dann eine kahle Wüstenei, mit der Zeit ein dickichtes Sammelsurium aus Eichen, Buchen, Linden, Kiefern, Birken, Ebereschen und Lärchen. Man gewann bei näherer Betrachtung schnell den Verdacht, hier hätten die Forstämter ihre Restposten untergebracht oder es habe nur zum Ausbringen von Sonderangeboten aus dem Gartencenter gelangt. Aber, wie gesagt, das ist schon einige Zeit her. Der Schutzzaun wider das Schalenwild ward bald entfernt, und irgendwann entdeckte man die spröde Lieblichkeit des heranwachsenden Baumkollektivs. Da wäre die perfekte Interaktion mit einer tiptop Südhanglage, die jedem Weinberg zur Ehre gereichte; ein vorsichtique skizzierter Sporn hält seinen Brokatvorhang vor eine Minischlucht, wo man sich für das vollendete Glück allenfalls noch eine kühle Quelle gewünscht hätte. Doch dem Ideal sollte man zustreben. Haben sollte man es nicht wollen.

Ideal ist wenigstens die Einsamkeit, die man genießen kann. Denn der gemeine Pilzfreund kategorisiert diese Waldgesellschaft noch auf den fünften Blick von außen als komplett pilzfeindlich. Und das ist gut so. Am unteren

Ende beobachtet man zwar öfters Schnittstellen vergangener Steinpilzernten *(Boletus edulis)* oder zerfußballerte Fliegenpilze *(Amanita muscaria)*. Die wahren Schätze schlummern im Inneren des Reviers. Die Lärchen haben Goldgelbe Lärchenröhrlinge *(Suillus grevillei)* mitgebracht, die Kiefern Butterpilze *(Suillus luteus)*. Es wimmelt von Birkenpilzen *(Leccinum scabrum)*, wie man sie noch nie gesehen hat. Den Boden nobilitieren aber die Schwarzhütigen Rauhfüße *(Leccinum melaneum)* und die Heiderotkappen. Unters Heidekraut gestreut, geschickt verteilt zwischen den sich für die kühler werdenden Herbstnächte langsam mit Moospelzen überziehenden Totholzstapeln. Größere Exemplare erfüllen eine Art Lotsenfunktion. Als Blickfang locken sie uns sicher zu den knackigen Nachwüchslern, die den Heimtransport unbeschadet überstehen. Approximativ deorollergroß. Kaum hält man sie für Naturprodukte, sondern für exklusive Entwürfe. Während die Schwarzhüte darin wetteifern, den Begriff Kappe für die Immortalität zu ästhetisieren, idealisieren die Rotkappen eine Hutkreation, die wie stahlkocherdaumengroße Streichholzkuppen daherkommt. Das Rot von der freilaufenden Möhre angeregt oder von der nicht ganz reifen Gärtnertomate, auch vom Ziegel. Dazu die stämmigen windelweißen Stiele mit den schwarzen Rißfasern dran. Dignität, die kaum in Worte zu fassen ist. Warum auch? Dies stille Glück möge man schweigend genießen und am besten für sich behalten. Eine nonverbale – die angemessenste Form der Dankbarkeit.

Über die letzten zwei Jahre, glauben wir, hat sich Innigkeit eingestellt. Auf Rotkäppchen und Schwarzhüte ist Verlaß. Im Vorbeigehen haben wir uns die hauptsächlichen Auftrittsorte eingeprägt, pro Saison um einzwei Ausweichquartiere ergänzt. Jeden Baum kennen wir mittlerweile persönlich. Prima.

Wehe aber, wenn wir, aus welchen Gründen auch immer, mal nicht rechtzeitig zur Ernte erscheinen oder unentschuldigt fernbleiben. Wir sind beruflich wie die Feuerwehr unterwegs, liegen womöglich siech darnieder, kaum auszudenken, was uns alles abhalten kann. Dann schlägt die scheinbar bedingungslose Ergebenheit der Rotkappen in pikierte Eifersucht um – eine saustarke Exemplifikation der Interdependenz von Intentionalität und situativer Dynamik. Das erkennen wir daran, daß die Großen unter der Last ihres verletzten Stolzes und ihrer wasserprallen Kappen zusammengebrochen sind, von den kleinen Kollegen fehlt jedoch jegliche Spur. Häufen sich nach Ansicht der verantwortlichen Rotkappen-Clanchefs die Fälle von Nichtbeachtung, drohen sie totalen Liebesentzug an. Dann haben wir zwar mehr Spinnennetzfäden als Haare auf dem Kopf, der Rucksack mit dem Erntekarton ist halb zerrissen, obere und untere Extremitäten sind vom Brombeergesträuch verschlissen, aber die sauberen Damen und Herren Rotkappen wie vom Erdboden verschluckt. Die Verzweiflung ist enorm. Schon wollen wir auf ewig abschwören, beschimpfen die Heiderotkappen (zugegeben unsachlich) wegen ihrer hausfrauenfeindlichen Schwärzung beim Anschneiden, kündigen schwelgerische Sucherfolge im benachbarten Steinpilzrevier an. Da kann es doch passieren, daß sich wenigstens am Rand, also dort, wo die Rentner eigentlich drüber stolpern müßten, in Waldlichtgeschwindigkeit drei oder vier Exemplare aus dem Erdreich heben. Quasi als Friedensangebot. Und als versteckte Mahnung. Loyalität zählt viel in diesen Kreisen. Und der kleinste Verstoß gegen den Kodex wird unerbittlich geahndet.

Das muß man sich mal vorstellen. Und irgendwie verstehen wir sie ja auch.

Glaziale Serienschaltung

Pfifferling

Cantharellus cibarius

Nichts ist langweiliger als ein ausgedehnter Kiefernschlag, auch wenn die Sonne unsere Gemüter wieder leidlich zu erwärmen beliebt. Das zu erkennen, hat man ausgiebig Gelegenheit, wenn man eine Reise in das nördlich von Berlin gelegene Havel-Seengebiet unternimmt. Die Fahrt führt vorbei an den Trostlosigkeiten der Leipziger Tieflandsbucht und ihren angrenzenden bügelbretternen Fluren, notdürftig und hastig mit Kiefernschonungen beklebt, um das schlimmste Ausmaß industrieller Verheerungen wenigstens symbolisch zu mildern. Der Fläming wartet wieder mit Hügelei auf, zwischen das Kieferneinerlei superiore Eichen und Buchen gequetscht und mickrige Plastikpfifferlinge, damit alles echt aussieht. Richtig schön wird es erst nördlich der Kapitale, an der natürlichen Grenze zwischen Brandenburg und Mecklenburg. Ausladende Laub- und Mischwälder. Seen. Bäche. Stille.

Das Urlaubsrefugium für eine Handvoll Tage heißt Neuglobsow, ein Zweihundert-Seelen-Flecken am Stechlin. Per Bahn am besten zu erreichen über Fürstenberg. Doch was für ein um etliche Nummern zu wichtig gewählter Name für dieses Städtlein! Katenhaft ducken sich die Landarbeiterhäuschen auf die sanften Geländelinien. Bemerkenswert unaufgeregt. Jede volle Stunde macht sich ein Bus auf den Weg nach Rheinsberg, mit Stopp in Neuglobsow. Wuchtige Alleen geben der Straße Halt. Robinien in Savannenausführung, darunter aufgelassene Kleingärtnerträume. Auch der Russe hat einiges hinterlassen, was sich auf die Schnelle so nicht wegreißen läßt.

Das bei Großstadtberlinern ehemals heißbegehrte Neuglobsow ist wie eine Spielzeugeisenbahnsiedlung in den Laubwald geschoben und ging ursprünglich aus einer bitterarmen Glasbläserniederlassung hervor. Nur selten verirren sich Auswärtige an diesen paradiesischen Ort – im Bus sitzt man fast allein. Kaum belästigt kann man das genießen, was hier nahezu unbegrenzt zu haben ist: Ruhe, ohne den Zwang, ständig etwas besichtigen zu müssen. Also lieber die Reize der glazialen Serie auf sich wirken lassen und in ihrer Folge den See. Den Stechlin.

Ein Muster an Rein- und Klarheit. Und das, obwohl er ehedem in den Kühlwasserkreislauf des Rheinsberger AKWs eingebunden war. Oder weil? Die ansässigen Limnologen, die auch anderen Seen der Region auf die Sprünge helfen, nennen ihn einen »nährstoffarmen Hartwassersee«. Ideal zum Tauchen. Spiegellaichkraut, Hornkraut, Tausendblatt, Armleuchter und Nixenhaar. Darin steht der Hecht. Nur drei kleine Badestellen erlauben es dem spärlichen Menschenrinnsal, sich in die Fluten zu ergießen. Sehr flach geht es hinein, erst in der Mitte bringt der Stechlin es auf kapitale achtundsechzig Meter Tiefe. Weil er fast wie ein Ahornblatt geformt ist, streifen die Winde ungestüm über ihn hinweg, von allen Seiten, wenn möglich. Dann bäumen sich die kleinen Wellen auf, wie ihre großen Geschwister im Meer. Grund für manche Legende. Siehe Fontane.

Der See bestimmt hier das Leben. Von seinen Besuchern leben die Hiesigen, ein freundlicher, redseliger Schlag, leicht berlinernd. Anstelle von Falladas Logierhaus sintert eine bedrückende Kaufhalle dahin, deren Angebot nur Senioren betören könnte. Im Fontanehaus kann man ausgezeichnet übernachten und Pfifferlinge essen. Eine niedrige Fachwerkschenke, das Dach vom Moos zusammengehalten. Draußen ist auch gut Sitzen. Am nahen Nordufer arbeitet eine ansehnliche Fischräucherei; Spezialität des Stechlin ist die Kleine Maräne, ein lachsähnlicher Fisch. Für Kinder liegen Krebse und Aale in Blechbassins zum Quälen bereit. Und abends hängt der Mond wie eine fette Apfelsine über dem See.

Für ausgiebigere Erholung muß man körperlich einiges investieren. Ein Rundweg um den See mißt schlappe sechzehn Kilometer. Vorherrschende Waldgesellschaft ist der Rotbuchen-/Traubeneichenwald, in Teilen als Totalreservat, also nicht bewirtschaftet. Die Bäume neigen sich über die Böschung, als wollten sie sich für die Morgensonne im Wasserspiegel noch einmal hübsch machen. Und wenn man den Schatten des Blätterdomes genießt, auf samtenen Mooskissen sitzt, kann man den Blüten beim Duften zu- und der Liebsten tief in die Augen schauen. Versonnen bringt man frisch Gereimtes über seine Lippen, die Frucht bisheriger Liebesmühen quirlt um die Beine oder durch die mit Tausilber glasierten Schachtelhalme und pflückt Pfifferlinge. Hier, um den See, trifft man auch auf die Kiefer, wie sie sein soll. Als massiges Einzelexemplar, kronig, knorrig und verzweigt. Die größte des Gebietes mit 1,30 Meter dickem Stamm wurde 1993 vom Sturm gefällt.

Einen Musketenwurf entfernt der Dagowsee, zu jeder Tageszeit mit großen grünen Tellern gedeckt und geachtelten Hühnereiern angerichtet. Oder sind das Teichrosen? Am Ufer, unter den Kiefern, Pfifferlinge, als hätte Gott eine NATO-Monatsration Rührei verkleckert. Man kann kaum treten. Der gesellige Leistling schmeckt nicht nur gut, sondern sorgt auch für eine geschmackvolle Umgebung. Sein Dottergelb (pflaumenweich gekocht!) korrespondiert nahezu perfekt mit dem satten Grün der Heidelbeerblätter, und die kleinen Beeren setzen pflaumenblaue Akzente. Hier läßt sich's wachsen!

Ständig verflucht man zwar unterwegs die wie Unkraut aus dem Boden schießenden älteren weiblichen Mitbürger, eine ausgewachsene Teilzeitgroßmütterplage, die beständig um das Kind tänzelt, ihm Kunstzuckerdrogen in den Hals drückt und die laue Luft mit qualitativ unzureichend nachempfundenem Kleinkinderidiom verseucht. Sonst aber glaubt man, sich hier recht schnell einleben zu können. Oder man hält einfach mal die Klappe.

Die Heimfahrt beschert dem Erholten Städte, Dörfer und die strammstehenden Monokulturen Sachsens und Sachsen-Anhalts oder Niedersachsens, die in haargenau der Geschwindigkeit, die der Zug hat, vorbeihuschen. Nur in entgegengesetzter Richtung. Meine Güte, das nennen die hier Kiefern!

Das Ende der Pilzwelt

Kaiserling
Amanita caesarea

Da möchten wir einen zünftigen Kaiserlings-Urlaub im Ligurischen ins Werk setzen, doch die äußeren Umstände haben es sich zur Aufgabe gemacht, ihre angenehmen Seiten auf ein Mindestmaß zu reduzieren. Zunächst mal stellt der Himmel, ohne vorher zu fragen, unausgesetzt Wasserseile in die Gegend. Das schwächelnde Triebwägelchen mag gar nicht weiterfahren, aber irgendwann ist doch der Bahnhof erreicht, der nur noch dreißig Regenminuten vom Zielort entfernt ist.

Eine Wohn- und Urlauberkolonie uralten Zuschnitts, die anmutet, als sei sie aus einer verrotteten Puppenkiste gepurzelt, und die sich laut Aussage mehrerer Einheimischer nun zu siebzig Prozent in deutscher Hand befände. Zu spüren ist davon wenig. Die andere deutsche Hand setzt sicher willkürlich Eigentumswohnparks und Schlimmeres reihenweise in den Sand.

Das Wetter verhält sich auch am zweiten Tag so, daß Meerwasser und Himmel schon zehn Zentimeter vor der Pupille zu einem graumelierten Etwas verschwimmen. Wacklige Bootsstege am Kai raupen unermüdlich auf und ab. Schnell hat sich herumgesprochen, daß Urlauber da sind. Die Carabinieri stellen den Regen kurz ab, um nachzuschauen und auf der befahrensten Kreuzung die Überlebenden zweier Rentnerregimenter Posto fassen zu lassen. Leute mit Schorlemmerfrisuren, die zu tonnenweise wurmzerfurchten Kaiserlingrudimenten und drei Johannisbeeren locken, mangelhaft ausgeprägten Kaufwunsch mit Verwünschungen kommentieren und uns auf der Stelle unbeliebten Minderheiten zuordnen.

Die unseren Straßen ähnlichen Verkehrsadern kennen den althergebrachten Fußweg nicht, aber die Baufahrzeuge fahren fast übereinander, daher ist unsere Fortbewegung in puncto Nahrungssuche und Eigenversorgung mit Kaiserlingen gewissen Einschränkungen unterworfen. Mildtätige Busfahrer brächten einmal im Jahr ein trockenes Brot vorbei, wird erzählt. Olivenöl hätten wir ja selber mitbringen können. Laut Gerichtsbeschluß dürften die Bewohner ihre Briefmarken auch selber malen. Hier ist also das Ende der Pilzwelt eingepfercht.

Der Regen hat am dritten Tag einer unerträglichen Sonne den Platz überlassen – alles wird hier übertrieben. Kaiserlingswetter.

Einen halben Kaiserlingshut gekauft. Die warmgelben Lamellen einzeln entfernt, mit einem weichen Bürstlein vom Erdreichgekrümel gereinigt und sorgfältig wieder eingesetzt. Die sonnenuntergangsrote Huthälfte abgewischt, angehaucht und liebevoll poliert. Das gelblichweiße Fleisch leider dann vollständig zerwurmt. Die Maden schmeckten doch auch nur nach Kaiserling, wird uns beschieden. Aha.

Der Strand ist schlecht, also nicht besucht. Bei vierzig Grad Celsius Lufttemperatur gibt das Meer sein Letztes, um den ihm innewohnenden Nährstoffgehalt zu demonstrieren. Eine grüne Lava, bedeckt mit Gärungsnebenprodukten und Unterwassersichtweiten bis zu einem Millimeter. Die Anrainergrundstücke zum bestimmt vor Kaiserlingen nur so strotzenden, düsteren Eichenwald am Hügel über dem Ort führen einen albernen Wettbewerb um den größten Bestand an Disteln. Obstbaumgewirr inklusive. Manche Latifundien enden unvermittelt im Nichts. Die Natur holt sich das Ihre zurück. Schon spaßhaft im inneren Monolog formuliertes Wohlgefallen läßt die Gartentore jäh aufplatzen, die Eigentümer wie Springteufelchen herauspreschen und mit Billigkaufangeboten nur so prahlen.

Will denn keiner hier bleiben? Offenbar nein. Wir auch nicht. Wir kidnappen einen Bus, der, wie sich herausstellt, schon von anderen irregeleiteten Kaiserlingsfreunden gekapert worden war und uns nach holpriger, lustiger Fahrt in P. wieder abwirft.

Weiches Glück

Elfenbeinröhrling

Suillus placidus

So kam es aber, daß wir am heißesten Tag, den der Herr heuer hat werden lassen, die Räder sattelten und das bayerisch-böhmische Grenzbergland durchmaßen, um die scheuen Elfenbeinröhrlinge zu fangen. Kaum sind sie heimisch in unseren Breiten. Kaum kennt sie jemand, die wie ein paar zu klein geratene Birkenpilze *(Leccinum scabrum)* mit hellgelben, komfortabel gefütterten Hüten wirken. Und kaum kennt jemand ihre Plätze. Bescheiden leben sie und zurückgezogen. Doch wer reinen Herzens ist, der hört ihre Rufe, wenn sie ihre Zeit nahen fühlen. Denn sie denken nicht nur an die eigene Fortpflanzung, sondern auch an das glücksentrückte Flackern in den Augen ihrer menschlichen Verehrer, wenn sie sich mit einem fast wollüstigen Ächzen aus dem Heidekrautboden brechen lassen. Sodann schmiegen sie sich hektisch in die Spankörbe, voller Ungeduld, welche Lekkereien wir wohl aus ihnen bereiten würden.

Überall, wo wir passierten, breitete sich unter den kollabierenden Automobilisten große Verwunderung aus: wegen unserem Leichtsinn und unseren heiteren Mienen, mit denen wir die Berge mit Meterkubatur hinanpreschten. Denn so mußte für uns das Glück beschaffen sein.

Für die restlichen fünfzig Kilometer heimwärts wählten wir, rechtschaffen geschafft, aber nur scheinbar weniger leichtsinnig, die Deutsche Bahn. Diese jedoch verstand sich aufs Sparen, besonders an Gepäckabteilen, an Gepäckwagen erst gar nicht zu denken. So postierten wir unsere beräderten Gefährten unter den gestrengen Blicken des DB-Teams im Gang und richteten uns mit spannender Zeitschriftenlektüre und allerlei stolzen Gedanken über den gehobenen Elfenbeinröhrlingsschatz ein.

Nun wollte es das Schicksal, daß eine hinzugestiegene, gar nicht mal stockhäßliche Anfangszwanzigerin, deren

Kleidungsstil es auch an der für dieses Tropenklima gebotenen Nachlässigkeit nicht fehlen ließ, am Bremshebel meines Rades zum Festhängen kam, nicht ohne daß das weiche Glück paarweise ihr hervorperlte.

Als Männer von Anstand und gepflegten Manieren wandten beschämt wir unsere Blicke ab, damit sie sich in Ordnung bringen möge. Nicht so die restliche Waggongesellschaft, die schon unsere aus allen Heftungen platzenden Spankörbe mit neidischen Augenwürfen abgezirkelt hatte und nun mit allerlei unsittlichem, aber auch ungenierte Anerkennung verratendem Mienenspiel sowie ausgelassenen Oho!- und Juhu!-Rufen den Fortgang der Angelegenheit begleitete, die leider in der panischen Flucht der unglücklichen jungen Dame ihren Beschluß fand.

Wir aber brieten unter der mit nicht eben geringer Feuerzucht herunterprasselnden Sonne wie die biblischen Buben im Kanonenofen den heimischen Duschkabinen und einem für alles entschädigenden Pilzgericht aus gebratenen Elfenbeinröhrlingen entgegen.

Herbstkollektion mit optimaler Körbchengröße

Frauentäubling

Russula cyanoxantha

Wenn der Wald seine Herbstkollektion vorführen möchte, bedient er sich in den meisten aller Fälle seiner Topmodel-Riege aus dem Haus Russula. Die Täublinge. Diese Agentur hat für jeden Geschmack was dabei: blonde, braune, schwarze, rote, grüne, sogar orange, graumelierte und blaue und violette – was das Herz begehrt. Das Farbenspektrum dieser bunten Truppe wird höchstens vom Regenbogen übertroffen. Nach ihrer skulpturalen Grazie sollten ursprünglich alle anderen Pilze geformt werden – mehr oder weniger gelungen, wie wir wissen. Ihre makellosen Hüte und verführerisch schlanken Beine mit den raffiniert plazierten Schönheitsfleckchen sind ein Sinnbild für sündiges Ebenmaß, ihre Lamellen das ewig unerreichte Vorbild für Sahne- und Cremefarbe. Schnickschnack wie die Plagiatoren haben sie kaum nötig: Velumkapuzen, Flocken oder Schuppen? Fehlanzeige. Milch? Wozu? Netzstrapse, Ringe oder Knollen am Stiel? Pah! Vollendung – du hast einen Namen.

Stimmt, die Namen: Amethysttäubling, Apfeltäubling, Blasser Täubling, Buckeltäubling, Buntstieliger Taubentäubling, Dickblättriger Schwärztäubling, Dottertäubling, Gelber Täubling, Gemeiner Weißtäubling, Glanztäubling, Goldtäubling, Grasgrüner Täubling, Graustieltäubling, Grüngefelderter Täubling, Heringstäubling, Honigtäubling, Jodoformtäubling, Ledertäubling, Mandeltäubling, Milder Kammtäubling, Milder Wachstäubling, Orangetäubling, Papageitäubling, Purpurschwarzer Täubling, Rauchbrauner Täubling, Reiftäubling, Rosatäubling, Scharfblättriger Täubling, Speisetäubling, Violettstieliger Täubling, Wieseltäubling, Ziegelroter Täubling, Zinnobertäubling, Zitronentäubling.

Da können wir nur noch an das Eine denken! Täubchen, ähem, Täublinge sammeln.

Ihre inoffiziellen Herrscherinnen aber sind die Frauentäublinge. Zum einen, weil deren Lamellen als einzige nicht brüchig und spröde wie bei den Untertanen sind. Zum anderen, weil sie es mühelos schaffen, alle Farben der Vorgenannten auf sich zu vereinen. Von ihrem nächtlich ausgelassenen Treiben tuscheln die neidischen Pilznachbarn Unerhörtes, und ihr nussig-milder Wohlgeschmack hat dem Grüngefelderten Täubling längst den Rang abgelaufen. Man muß sie einfach lieben. Schade nur, daß der sonst faire und freundliche Rivale traurig-bitteren Blickes seiner Ausrottung entgegensieht. Ein Schicksal, von dem die Frauentäublinge nichts zu befürchten haben. Niemand weiß die Gründe. Aber es ist gut so.

Man kann das ab Juni täglich im nächstbesten Laubwald um die Ecke, im mischbewaldeten Hang, in den Buchenhainen, in den Fichten- und Kiefernforsten verifizieren.

Man kann aber auch nach Ungarn fahren und das freundliche Entwicklungsland per Anhalter durchstreifen. Man kann sich von der Sonne rösten lassen, in jedem Dorf ein Duschbad unter den Straßenpumpen nehmen, an der wiederaufgebauten Burg Czesznek vorbeipilgern und einen sonnigen Hang für den Zeltbau abchecken. Schon weil hier ausnahmsweise statt Robinien kleine Fichten aufgeforstet werden. Einige Vogelbeerbäume haben sich in der Schonung verirrt und sind der Bequemlichkeit halber gleich geblieben. Oben, am Kamm des Hügels, halten riesige Buchen auf gemessene Distanz. Man kann sich ihnen furchtlos nähern und für ein paar hundert Schritte in ihrem Schatten Erholung finden, während draußen eine Art Begrüßungsgewitter herniederprasselt. Man kann aber auch die barocke Pracht der aus purer Neugierde angelockten Frauentäublinge bewundern. Sie scheinen einem Pilzlehrbuch (möglichst den Schautafeln aus dem Kronen-Verlag Hamburg) entsprungen zu sein, eine unnachahmliche Einheit von Habitus und Performanz, und am liebsten möchte man sie alle anfassen. Man kann bei den scheinbar Unscheinbaren mit dem fast schmutzig-grünspanigen Überzug wie bei alten Kupferlampen erwägen, ob sich ein kurzes Reiben lohnen würde. Man kann aber auch die Attraktivsten mit der optimalen Körbchengröße auswählen und unter Jubel und Triumphgeschrei in den kleinen Alutopf über der Spiritustablette bröckeln. Die Butter wartet schon ungeduldig. Man kann das ohne Salz und ohne Pfeffer bewerkstelligen und begnügt sich mit feinem Weißbrot, einigen Stengeln Bärlauch und klarem Wasser. Darüber vergißt man glatt den opulenten Regenbogen.

Und man kann im Anschluß derart bettschwer in den Schlafsack zum Grasnarbenhorchdienst sinken, daß man sogar den Roten Waldameisen milde vergibt, über deren Schlupfloch man ausgerechnet sein Ohr gebettet hat und die einen auf unabsehbare Zeit um den Schlaf bringen werden.

Wattige Lippenstifte

Schopftintling

Coprinus comatus

Eine gute Autoviertelstunde – hinter laubbewaldeten Dolomitikuppen – liegt ein steinalter Park, verwildert und einsam, auf den Karten kaum vermerkt. Mittendrin, hoch über dem Flußtal, verwelkt eine sagenumwobene Schloßruine aus der frühen Renaissance.

Türme und Giebel von Schloß Liebenau (Name vom Verfasser geändert) hat die Sonne über Jahrhunderte lackiert, der Regen hat die Luft schraffiert, der Frost ließ den Mörtel aufplatzen, bis das meiste langsam und unmerklich zu Staub zerfiel. Blitzschläge besorgten den Rest.

Ein schmaler oktogonaler Treppenturmstumpf und die dicken Umfassungsmauern des Palas ragen aus dem Schuttkegel; Schloßhof und Torhaus kann man nur erahnen. Drohende Eichen schieben finster Wache.

Uns kennen sie bereits. Augenzwinkernd dürfen wir passieren. Schnell ist trockenes Holz gesammelt, ein kleines Feuer gemacht und der Wein entkorkt. An mit Oliven und Tomaten vorbereitete Poularden in Alufolie haben wir ebenfalls gedacht.

Während Herr R. und Herr K. die Fensternischen der Schloßruine mit Fackeln ausschmücken, schlagen wir vor, die Poularden mit ein paar frisch gepflückten Pilzen aufzupeppen. Wiesenegerlinge *(Agaricus campestris)* von den Talweiden oder Frauentäublinge *(Russula cyanoxantha)* von den Steilhängen. Irgendwas.

Bedächtig steigen wir in die Auen hinunter. Aber die Hänge sind wie ausrasiert. Nicht eilen. Wir finden sie schon. Jeden Grashalm suchen wir ab. Kein einziger Pilz. Vielleicht haben wir den Mund doch etwas zu voll genommen. In gemächlicher Bewegung steigen wir retour. Auge in Auge mit dem Nichts. Am vormaligen Schloßtor, dort, wo sich der schüchterne Bach einen anderen Weg suchen muß, wo der

Efeu wuchert und wildes Gras, und der Bodenvelour bunt schillert von erschöpftem Laub, dort haben sie sich versammelt. Ein Begrüßungskomitee aus Schopftintlingen. Vorhin, bei der Ankunft, hatten wir sie nicht gesehen.

Ja, ja, man sei noch sehr klein, wir müßten bitte entschuldigen, aber unser Besuch käme so überraschend, ja, und in der Eile ... wir würden schon verstehen. Außerdem war man sich nicht sicher, ob eine kulinarische Verwendung überhaupt geplant sei, und wenn man dann unter Umständen darben müßte, zerlaufe man doch im Handumdrehen zu ekler Tinte. Betont nachsichtig und auch ein wenig erleichtert lassen wir die wattigen, weißfransigen Pilze in unsere Schachtel springen. Ohne Hast.

Herr K. und Herr R. erwarten uns am knisternden Feuer. Ruhevoll. Die lippenstiftgroßen Schopftintlinge sind rasch geputzt und den Flügeltieren ans Herz und gemeinsam in die Glut gelegt. Hoffentlich alarmiert der betäubende Duft nicht die Dorfbewohner. Aber wir haben Glück. Ein Steinkauz gibt den Ring frei für unseren Hauptgang, der einem glatt die Sprache verschlägt. Später fällt uns wieder ein, daß die auch Spargelpilze gerufenen Schopftintlinge aufgrund ihres extravaganten Eigengeschmacks ideal wie kein anderer Pilz zu den Gummiadlern paßten. Insgeheim loben wir die Vorsehung, daß die Frühaufsteher sämtliche Wiesenegerlinge abgemäht und die Frauentäublinge wahrscheinlich nicht mehr mit unserem Besuch gerechnet hatten.

Langsam ermatten die Baumriesen im dunklen Abendlicht. Etwas Riesling-Nachschub. Und uns wird behaglich. Sehr behaglich.

Etwas Noesis

Edelreizker
Lactarius deliciosus

Sie müssen hinter dem Ortseingang links abbiegen, dann noch mal links, dann, vor der Brücke, scharf rechts, an der Gärtnerei und den Einfamilienhäusern vorbei, sind es noch zwölf Meter bis zum Waldrand. Die Buchen stehen wie Türme. Wenn Sie mit dem Rad sind, können Sie es hier abstellen. Die Steigung läuft in einem schönen Hohlweg aus. Man staunt immer wieder, daß man ruckzuck fünfzig Meter über Flußniveau dahinschreitet.

Aber aufpassen: Gerade am Hohlweg stehen die ersten Blender in Reihenschaltung: Rotfußröhrlinge *(Xerocomus chrysenteron)* und Perlpilze *(Amanita rubescens)* sonder Zahl. Augen zu und durch. Ich bin sicher, es ist einfach eine Art Prüfung, die uns die Funga hier auferlegt. Wer ist würdig, die Reizker zu pflücken?

Noch schwieriger wird es, wenn Birkenpilze *(Leccinum scabrum)* und Espenrotkappen *(Leccinum rufum)* hochklappen. Nehmen Sie all Ihre Entschlossenheit zusammen. Verdrängen Sie einfach, daß am Wegesrand, dort hinten unter der XXL-Buche, Steinpilze *(Boletus edulis)* lauern könnten. Denn Sie sind noch nicht am Ziel. Es geht wundersam bergab, leicht geschwungen, sogar ein wenig kühn. Vor Ihnen breitet sich als hundert Meter breites Ufergehölz die Kiefernschonung aus. Zirka fünfundzwanzig Jahre alt. Ideal. Das Halblicht ist gewöhnungsbedürftig, auch der Kriechgang unter den Kiefernzweigen geht schnell in die Beine.

Da hinten!

Was Oranges. Nur keine Aufregung.

Langsam anpirschen. Jetzt öffnet sich Ihren erstaunten Blicken eine winzige Lichtung. Schneise meinetwegen. Lichtung und Klarheit, ein extra ausgerollter Moosteppich.

Na, was habe ich Ihnen gesagt? Alles voll mit Edelreizkern. Mit dem Zählen hätten Sie drei Tage zu tun.

Am besten, Sie nähmen nur die Kleinsten und Festesten mit. Wie gut, daß hier ein wenig Licht rankommt. Das Farbenspiel der trichterförmigen Hüte unter den Sonnenstrahlen ist zu faszinierend. Ein blasses Orange mit zart eingearbeiteten olivgrünen Ringen. Die glanzumflossene Ausführung nach Regen entzieht sich strenggenommen unseren aktuellen Darstellungsmöglichkeiten. Selbst die Fraßstellen des Hasen und der Schnecke inklusive blutstropfenweise austretender Orangemilch scheinen von akribisch ausgebildeten Designern eigens plaziert, um das Endliche des scheinbar Vollkommenen wenigstens anzudeuten.

Etwas Noesis kann jetzt nicht schaden. Und dann leise verschwinden.

Aber verraten Sie die Stelle nicht. Bewahren Sie dieses Buch an einem sicheren Ort auf.

Der andere

Herbstlorchel

Helvella crispa

Wie oft ertappen wir uns bei Gedanken und Grübeleien darüber, warum ausgerechnet jetzt, da wir auf dem besten Weg in den Wald sind, auch andere Sammler unterwegs sein müssen. Haben die nichts Wichtigeres zu tun? Wie oft scheint uns, als trügen sie ihre Körbe demonstrativ und uns zum Hohn. Die größten Steinpilze, die gewaltigsten Rotkappen aufgeschichtet, um Neid zu provozieren. Wie oft gewinnt die pure Verzweiflung Gewalt über uns, sehen wir die Waldränder von Personenkraftwagen verschiedenster Herkunft umstellt. Und wie oft beten wir mit jedem Herzschlag, die vor uns Laufenden mögen erst hinter unserer Geheimschonung ausschwärmen.

Der Sammelkonkurrent ist beileibe nicht beliebt. Nicht bei uns. Nicht nur bei uns. Bei keinem Sammler. Schimpfnamen gehen uns spielend leicht von der Zunge. Warum auch nicht? Was hat er dort verloren, worauf allein wir ein ehernes Anrecht durch tausendmalige Pilzkollekten uns erworben haben? Warum bleibt er nicht an den Wegrändern in den Hochwäldern, wo es von wurmkontaminierten Ziegenlippen *(Xerocomus subtomentosus)* und Rotfußröhrlingen *(Xerocomus chrysenteron)* und Perlpilzen *(Amanita rubescens)* wimmelt?

Gott sei Dank, heute macht er sich über den Nadelboden im Hochwald her, der Sonntagssammler, heute wird er uns kaum mehr gefährlich. Außerdem hat der null Ahnung von der Magie der Pilzstelle, kennt außer Marone *(Xerocomus badius)*, Steinpilz *(Boletus edulis)* und Espenrotkappe *(Leccinum rufum)* höchstens den Pfifferling *(Cantharellus cibarius)*. Könnte das Mitleid sein? Maybe.

Trotzdem haben wir komplexe Ablenkungsmanöver ausgetüftelt: Betont unwaldliche Kleidung anlegen, Umwege zum Stammwald fahren und ständig unauffällig nach

Verfolgern spähen. Im Wald notfalls zickzack fahren oder bei der nächsten Weggabelung links die Hand raushalten und rechts abbiegen. Gräben um den ganzen Wald ziehen, Zäune aufrichten, Fallgruben und Fußeisen aufstellen, in der Dangerzone Selbstschußanlagen alle zehn Meter.

Wir haben ihn längst vergessen, als wir durchs Fichtendickicht brechen, immer tiefer hinein. Bald müßten die ersten Steinpilzstellen kommen. Hitze verbiegt die Luft. Heute könnte man sogar um die Ecke kucken. Hm, hier ist erst mal nichts. Und da hat einer vor uns gewildert. Sollte seinen Gnadenort auch etwas ordentlicher verlassen, der Strolch! An der nächsten Stelle das gleiche, an der übernächsten dito. Da streift also einer auf der gleichen Fährte durch den Grund, wie wir. Wie ist das möglich? Das Schwein! Entschuldigung. Aber ein bißchen tut das weh. Das Pilzherz blutet. Bisher hat man an seine eigene Singularität geglaubt, den Garanten unzähliger Pilzausbeuten, hat auf eine innige Beziehung mit dem Wald gesetzt. Eifersucht keimt auf. Wie achtlos er die wurmigen Steinpilze zerschnitten und verstreut hat, die Putzreste mutwillig verteilt. Dreht er sie nun heraus oder schneidet er ab? Oha, er schneidet. Hm, vorhin hat er herausgedreht. Die zurückgelassenen Rümpfe sind immer doppelt so breit, wie unsere. Hängt er sich die Großen in den Korb, und die Kleinen läßt er für uns laufen? Unsinn, wir spekulieren selbstverständlich nie auf Menge.

War da nicht ein Zweigeknacken? Ein Ästebrechen? Ducken. Still! – Noch mal. In Stellung gehen. Gleich murksen wir ihn ab und ziehen ihm die Haut in Streifen vom Fleisch. In diese Schonung verläuft sich außer uns beiden keiner. Niemand wird dich jemals finden. Hier kannst du in Ruhe verwesen. Doch die Geräusche entfernen sich, werden leiser. Ein blaues oder rotes Blinken von Hemd oder Bluse noch, so genau ist das nicht zu erkennen.

Kühlen Kopf bewahren. Weitersuchen. Was war das? Sicher ein Tier. Nein, doch nicht. Wieder einer! Kommt aus der anderen Richtung. Ist da wo ein Nest? Wir gehen vorsichtshalber in die Hocke. Halten gleich mal die Luft an.

Das Herz pocht bis in die Stirn. Nur von ferne hallt das Zischen der Zweige, die sich an seiner Freizeitbekleidung wischen. Unser Revier lassen wir nicht ungestraft plündern. Im Wiederholungsfall gibt's auf die Nuß. Die Finger verstümmeln wir dir gliedweise. Deine Alte versklaven wir im nächsten Baumarkt, und mit den Schädeln deiner Bälger spielen wir Baseball. Wäre doch gelacht. – Wir hören weg. Weil: Wir wollen weiter.

Endlich, an der Grenze zum Hainbuchenhain, breiten sich kleine Rasen von Herbstlorcheln aus. Nicht an den gewohnten Stellen. Außerdem ist das ein Steinpilzwald. Man kann nicht alles haben. Hauptsache schöne Exemplare. Spröde, vielgestalt, wie aus dem Pilzbuch. Da! Allmächtiger! Noch mehr. Wer sagt's denn. Rasch die hier noch. Hat sich doch gelohnt, oder? fragen wir uns befriedigt, nein, rundherum zufrieden.

Wir wollen gerade aufstehen, knackt es doch wieder im Unterholz, fürs Flüchten zu spät. Verstecken geht auch nicht. Jeans, olivgrüne Jacke, männlich, um die Vierzig, offener, freundlicher Blick, sicher verheiratet, zwanzig schulpflichtige Kinder, Gattin Verkäuferin. So sehen sie zum Beispiel aus, die ewigen Widersacher. Gespannter, aber doch wie beiläufiger Blick in unser Sammelbehältnis. Was das denn für komische Dinger seien. Herbstmorcheln? Nie gehört. Sehen ziemlich giftig aus. »Sie nehmen wohl alles mit, wie?« Wenn man jetzt einen Hut hätte, würde man ihn verlegen in den Händen drehen. Am liebsten würde man sich als armes Würstchen verkaufen. Er stolz: »Sehen Sie mal: Steinpilze. Bloß in dem kleinen Flecken da hinten. Absolut kraß. Soviel hatte ich hier noch nie.« Aber dieser Wald sei schließlich bekannt für seine Steinpilzstellen. Riesendinger mitunter. Am Rand sogar Rotkappen. Das wüßte ja jedes Kind. Und von wo die Leute alle herkämen, irre. »Na ja, viel Glück noch. Tschüs. – Herbstschnorcheln, tsts.«

Fort isser. Das Messer ihm in den Rücken spicken. Was soll's? Was bringt's? Wäre höchstens einer weniger. Von vermutlich Hunderten. Schweine, alle!

Die Herbstlorcheln haben etwas von ausgebleichten

Knochen, und von Tropfkerze, vielleicht. Morbide und zerbrechlich, elfenbeinern bis hellgraubraun lasiert. Das Gebilde wirkt immer wie hohl, grubig, die Fleischschicht selten dicker als ein Millimeter. Bei großen Varietäten könnte man glatt eine Kerze hineinstellen und sie als gespenstische Laternen nutzen. Wo andere Pilze einen Hut tragen, sehen wir nur eine faltige, seltsam zerbeulte, hirnartig gewundene Mitra mit mehreren Zipfeln. Kein Wunder, daß niemand auf die Idee kommt, sie zu sammeln. Im Gegensatz zu den giftigen Frühjahrslorcheln *(Gyromitra esculenta)* kann man sie aber in allerhand hübschen Kochexperimenten aufgehen lassen.

Wir laufen sinnend zum Rad zurück, schließen auf, da stürzt unser Blick auf vier untertassengroße braungewölbte Scheiben. Darunter jeweils buchtiges hellgrünes Futter, die allseits beliebten hellbraunen Stiele mit Netzintarsien. Woran alle vorbeitrampeln. Und die beiden Rotkappen daneben lassen wir auch gleich mitgehen. Die legen wir obendrauf, in der vagen Hoffnung, die Herbstlorcheln nicht vollends zu zerbröseln. Ein sorgfältiges Arrangement. Den Korb vorsichtig an den Lenker hängen, damit jeder sehen kann, was bei uns Sache ist. Dabei betont unauffällig und beiläufig tun. Wo sich Augenkontakt nicht vermeiden läßt: Ein wenig Hohn und Geheimniskrämerei in den Blick mischen. Schätze, die sauberen Herrschaften Nachzügler werden heute leer ausgehen.

So läßt sich's heimfahren.

Killing fields

Riesenbovist

Langermannia gigantea

Nicht einfach nur so wollten wir uns die Nacht im Wald um die Ohren schlagen. Nein, einem der in letzter Zeit zu zahlreich gewordenen Mountainbiker galt es aufzulauern, will heißen: Im Dienst des Gemeinwohls der natürlichen Auslese ein wenig auf die Sprünge zu helfen.

Wer kennt und schätzt sie nicht, die possierlichen Gesellen? Wenn sie weit weg sind? Gewandet in alle Farben des Fitnesscenters. Freizeitfrisuren, mit denen man fraglos Verdienste auf dem Gebiet des Exorzismus erwerben könnte. Verspiegelte Sonnenbrillen mit Fangleinen, Handys in den Sacktaschen. Fahrradmutationen mit Bordcomputer unterm Schließmuskel.

Die Schonzeit sei nun aufgehoben, kränkliche Exemplare seien zum Abschuß freigegeben, hatte uns Meister Grünrock umständlich im an Hilfsverben reichen Idiom der Landbevölkerung bedeutet. Weil ihm aber so erbarmungslos nachgestellt würde, breche der Mountainbiker allenfalls noch in den spätesten Morgen- oder frühesten Abendstunden durchs dampfende Unterholz. Da, wo das Idyll nicht mit sich geizt.

Mit aller gebotenen Vorsicht lenken wir die Schritte, vorbei an Elfenstühlen und Heidelbeerbäumen, zum Ansitz über der Talwiese. Die Schneckenplage ist noch längst nicht abgeklungen, so daß wir ständig Gefahr laufen, auf den träge gleitenden Schleimwürsten auszugleiten. Selbst die Dorfkinder bewerfen einander anstelle schimmliger Schulbrote und versteinerter Pausensnacks übermütig mit dem schmierigen Getier.

Langsam gehen wir in Stellung. Ohne Laut!

Handwarmer Wein und gebrannte Wässer helfen die Dauer der Lauer lindern. Doch die Holzböcke haben ihre Appetitzügler verlegt und uns zu mehrfachen, unfreiwilligen Wirten gemacht. Emsig suchen Ameisen in unseren Hosentaschen nach Verzehrbarem, und ein Wolkenturban aus Gemeinen Stechmücken *(Culex pipiens)* bringt die Sehtüchtigkeit zum Erliegen. Wie sollten wir da mit unseren Zwillen platinierte Designerspeichen zerschmettern und käfrige Schalenhelme zerknacken können? Stuhlangst wandelt uns an. Nur kein Mountainbiker. Nicht einer. Nicht einmal Jogger.

Vornehme Zurückhaltung scheint angebracht bei der Beschreibung der irreversiblen Verheerungen, welche die Gärungshauptprodukte in unserem, von den Mücken übriggelassenen Blut anrichtet. Denn was ist das jetzt? Der morgendliche Nebel hebt sein Leichentuch, und überall liegen bleiche Kugeln verstreut – wie Totenschädel. Risse und Einschußlöcher täuschend echt darauf verteilt. Die Wiese wirkt wie ein Killing field. Ein schauerlicher Ort. Wo Pol Pot doch schon so tot sein soll. Aber nein, es sind Riesenboviste, natürlich. Babykopf- bis basketballgroß hocken die weißen Warzen auf der Erdschrunde.

Wie konnten wir sie nur gestern abend übersehen? Oder sind sie wirklich über Nacht wie die Pilze aus dem Boden geschossen? Wir werden es nie erfahren.

Und von weit her die jubelnden Schlachtrufe der Biker.

Wo die Stille wohnt

Parasol

Macrolepiota procera

Der Vater Wald als Sammelplatz der Stille hat viele Kinder. Die handballfeldkleine Schonung, den bierkrugdunklen Hochwalddistrikt, das lauschige Bachtal, die pflichtvergessene Waldwiese, die taschenlampenlichte Schneise, den sturmbedingten Kahlschlag, den ambivalenten Waldrand.

Gerade dort, wo sich die Sonne immer erst daran gewöhnen muß, daß ihre Strahlen nicht mehr ungehindert überall hinlangen, dort entstehen oft unglaublich interessante Nanobiotope. Und die Fauna hat sich bald mit den neuen Investitionsbedingungen arrangiert. Im verbeulten Emailletopf, unter der faulichten Matratze, richtet Familie Waldmaus ihr Feriendomizil her, und einer der wenigen Sonnengrüße bricht sich auf der gleißenden Pupille des Eichhörnchens, das eben seinen Morgenbummel zum kurzen Verschnaufen auf einem Stück verklebter Damenunterwäsche unterbrechen will. Doch der Friede trügt. So wird es wohl eher sein, daß des Eichhörnchens Auge gerade im schmerzlichen Aufblitzen begriffen ist. Unverhofft voreilig war sein Nippen am neuen, munter rieselnden Rinnsal. Dessen Quelle heißt Altölkanister vom Bauer Herrmann c/o Dorf, Am Anger 4d. Er war umgekippt, weil die Waldmausrangen zu übermütig darauf geturnt hatten. Die Strafe für die kleinen Plagegeister folgt auf dem Fuß, als sie eine Spur zu neugierig an den Autobatterien nagen und nun die beschaulich träufelnde Säure ihr unerbittliches Werk an den winzigen Mäusefüßlein verrichtet. Was da für ein klägliches Piepsen ist.

Das Eichhörnchen hat dafür kein Ohr. Es fühlt sein bitteres Ende nahen, hat sich zum Hinschied unter den schattigen Hut des stolzen Parasolpilzes geschleppt und an den holzig-genatterten Stiel mit der praktisch verschiebbaren Doppelmanschette gelehnt. Noch einmal läßt es sein Leben flirrend vorm inneren Auge Revue passieren. Doch für ein letztgültiges Resümee bleibt wenig Zeit. Matt saugt es den süßwürzigen Duft des Pilzes ein.

Auf einmal hebt ein Wanken an. Geht die ganze Welt mit mir zugrunde?, mag sich der putzige Geselle fragen, doch es ist Mutter Waldmaus, die, von den Sterbeschreien ihrer kleinen Lieblinge alarmiert, den elastischen Parasolhut als Trampolin nutzt. Das schöne hellgraubeige Farbspiel mit den braunen fransigen Flocken obendrauf, der in die Mitte getupfte Buckel, wie er früher die Wikingerschilde zierte, das ist ihr im Augenblick völlig scheißegal. Nächste Station im flinken Dreisprung ist die zartbraune Erdkröte, die seit gestern abend eines ihrer Beinchen vergeblich aus der sämigen Teerlache zu zerren sucht, nachdem sie von ihrem Parasolstuhl gerutscht war. Schon ist auch das Jammern der Mäuslein verstummt, während der Sprung der Mäusemutter durch einen verhängnisvollen Fehler in der Berechnung ihrer Flugbahn an der rostigen Spitze einer jäh hochgeplatzten Matratzenfeder ihr vorzeitiges Ende findet. Pffft, entweicht dem Felltierchen der Lebenshauch.

Ja, so geht's, denkt das Eichhörnchen weise und bereut, daß es sich nicht rechtzeitig mit den feschen Burschen von der Nachbarmüllkippe eingelassen hat. Was bleibt nun von mir ohne Nachwuchs?, blitzt es im kleinen Eichhornhirn, bevor ein allerletztes Rucken durch den weichen Körper drückt, wo Bauer Herrmanns Öl in Windeseile die Innereien zu Unaussprechlichem transformiert und der große Bruder des Schlafes die Augen ihm sanft zudrückt. Für immer.

Von all dem ahnt der Sammler nichts, wenn er eine luftige Waldstunde später über den Unratberg stiefelt. Die emsige Waldameisenpolizei hat längst wieder Reinschiff gemacht. Nur der große Parasol ist darüber alt und zäh geworden. Das weiß auch der Sammler, der sowieso lieber die keck ihre Mikrophonköpfe durch den Moder bohrenden jungen Nachfolger abschneidet und eine lustige Werbemelodie pfeifend grußlos verschwindet. Bevor der marode Stiel des Parasolsenioren unter der drückenden Last seines würmerprallen Hutes nachgibt. Stille, wohin man blickt.

Zersägte und zershredderte Landschaften

Violetter Rötelritterling

Lepista nuda

Wie oft fahren wir gemütlich Bahn und betrachten die vorbeihuschende Kulturlandschaft mit wohlwollendem Verständnis, mindestens jedoch in einem milden Licht der Klar- und Reinheit. Und finden behutsam Balance.

Um so größer die Bestürzung, die von unseren in jeder Jahreszeit eh schon schwächelnden Gemütern Besitz ergreift, wenn wir die Totalität des Unheils präsentiert bekommen, das gewaltbereite Barbaren über die wehrlose Landschaft gebreitet haben. Millionen ungeklärte Sinnfragen okkupieren die letzten vakanten Hirnkapazitäten. Man möchte am liebsten wegsehen, doch die keineswegs abflauende Erschütterung und verkümmernde Reste von Verantwortungsgefühl halten unsere Augen offen. Knallrote und später kohlrabenschwarze Ränder sind es, mit denen sie sich schmücken. Schwer nur sind die Tränen zu halten.

Was war geschehen? Um der Arbeitslosenstatistik vor den Wahlen noch einen entscheidenden Kick zu verpassen, hatte der Arbeitsminister den Deckel von der ABM-Hölle gerissen. Ganze Armeen von ABM-Kräften wurden übers Land gestreut. Um eine erhöhte Binnennachfrage anzutäuschen, hängte man jedem eine von frisch gedrucktem Steuergeld gekaufte Kettensäge, ein paar korrodierte Spitzhacken, Harken und verbogene Laubsauger um und ließ sie über bisher ansehnliche oder bisweilen liebliche Landstriche hereinbrechen. Zeugen übertreffen sich seither in plastischen Schilderungen der Verheerungen, internationale Beobachter ziehen Wasserhosen und die Einfälle der Hunnen oder kinderreicher Familien zum Vergleich heran. Berechtigterweise.

In meterdicke Asbestpelze gehüllte Mittvierziger bis Mittfünfziger sägen ab, was abzusägen geht, shreddern, was zu shreddern geht. Bahndämmen rupfen sie das schützende Buschkleid roh vom Leib, Parks werden »ausgeästet« (kein Menschen- und Naturfreund erahnt auch nur, was sich hinter diesem Euphemismus verbergen kann), Straßenbegleitgrün wird unter aufmunternden Zurufen geschändet, der letzte zage Halm zerlatscht von quietschebunten Gummistiefeln.

Am meisten stören sie die Violetten Rötelritterlinge, die am Stadtparkrand einen freundlichen Stützpunkt unterhalten und obstigen Duft versprühen. Man muß schon zweimal hinschauen, um sie von dem bunten Blätterangebot unterscheiden zu können. Bis bierdeckelgroße, flache Hüte, sanft eingerollt, gewitterwolkenblau mit einem nußbraun aufgehellten Schmuckflecken in der Mitte. Die Lamellen diszipliniert, aber haargenau so unnatürlich gebleicht violett wie der knollige Stiel, dem beim Pflücken immer noch ein Batzen Mycelschaum anhaftet.

»Äks! Wie sehen die denn aus! Und warum stehen die ausgerechnet hier? Weg damit! Blätterpilze sind sowieso alle giftich! Außerdem paßt Violett nicht zu unseren orangenen Asbestjacken!«

Ein eliminatorischer Fluch liegt über dem Faktum, daß Violette Rötelritterlinge nicht die anklagenden Augen von Robbenbabies haben. Diabolisches Gelächter hallt wider aus den von den Schandtaten noch dampfenden Kahlschlägen. »Wir sind zu was nütze. Wir sind wieder was!« blökt das unselige ABM-Gelichter wie rasend in den herbstlichen Wind.

Anschließend wird der Parkboden gewischt und gebohnert. Während Mutter Natur verzweifelt darüber sinniert, wieviel Erdzeitalter sie brauchen wird, um die gröbsten Schäden zu beheben. Zersägte, zershredderte und pilzfreie Landschaften, die niemals wieder blühen werden.

Wenn's draußen schifft, verkriechen sich die meisten des Rudels in die überall herumlungernden Bauwagen, rauchen wie die Stadtsoldaten, stopfen Baumkuchen (!) und Eisbein in sich hinein, rülpsen, furzen, knacken mit leeren Bierdosen, weiden die Abfalleimer nach halbverfaulten Bratwürsten ab und liegen auch sonst doxologisch voll daneben. Äußerlich erschreckend maskulin veranlagte Damen thematisieren öffentlich ihre Klimakteriumsbeschwerden oder machen uns mit unsittlichen Angeboten die Entscheidung für diverse Kapitalverbrechen leicht. Die stets alkoholisierten Männchen assoziieren frei über den Weltuntergang, den sie sogleich mit ihren Gerätschaften auf die Sprünge zu helfen gewillt seien. Und niemand schreitet ein.

Verstehen Sie uns bitte nicht falsch. Der ABM-Gedanke ist ein unmittelbar schlechter nicht. Doch Arbeit ist ein zweckmäßiger und bewußter Stoffwechselprozeß mit der Natur. Können Sie überall nachlesen.

Neues von der Nixenwiese

Orangeroter Becherling

Aleuria aurantia

Es soll Tage geben, an denen man einfach den Wald durchstreift, um sich am Naturereignis erkenntnispraktisch zu delektieren: Mal sehen, was sie sich heute wieder ausgedacht haben. Eigentlich gibt es diese Tage sehr oft. Schon weil die Überraschungen – jahreszeitenabhängig – nie dieselben sind. Wer zum Beispiel jemals einen Spitzahorn im herbstlichen Gegenlicht langsam hat erröten sehen, weiß in etwa, wie die Zeilen gemeint sind. Besonders geeignet erscheinen abwechslungsreiche Waldsozietäten mit ihren Rändern, dort, wo sie flüsternde Bäche aus ihrem Zuständigkeits(be)reich entlassen. Praktischerweise haben das schon Generationen vor uns erkannt. Es dürfte kaum noch einen ansehnlichen Bach ohne Wegbegleitung geben.

Am S.-Bach sind Mitte Oktober sämtliche Kriterien erfüllt, die man für eine seelenbalsamierende Wanderung benötigt. Der Weg ist befahrbar, aber so ausgiebig mit spitzkantigem Schotter gesteinigt, daß man selten PKW antreffen kann. Da der Bach für Unkundige kaum auf den ersten Blick zu sehen ist, kündigt er das reichhaltige Sortiment seiner Feuchtbiotope (Prallhänge mit gespenstisch freiliegenden Wurzelgittern, schimmernde Kiesinseln) mit Schachtelhalmen an. Das ist sinn- und hilfreich, gerade in den Morgenstunden, wo der Bach sein Tal frisch mit Nebel eingesprayt hat. Die Sonnenscheinwerfer tasten noch vorsichtig in die Nixenwiese und schieben silberne Tautröpfchen langsam die Grashalme hinab. Greifvögel absolvieren erste Inspektionsrunden. Flirrende Forellen und eiligst flüchtige Edelkrebse treiben den Idyllefaktor auf über Dreihundert. Auch weil das Bachbett im schützenden Halbschatten verharrt und höchstens ein von unübertroffen hellgrünen Lindenblättern gedämpftes Hell an sich ranläßt. Fehlt das Einblenden romantischer Musik. Aber still! Diese Welt ist vollkommen.

Kinder bändigen die kleine Wasserkraft mit Staudämmen und bringen an den Uferulmen Schilder an, auf denen mit vom Regen verwaschenem Filzer geschrieben steht: »Bitte nicht Zu schdüren. Bitte Weiter Bauen.« Unser Weg ist bald sonnig aufgeheizt, Salamander flanieren, und die Holzstapel duften harzig. Dort, zwischen achtlos ausgebreiteten Spänen, nehmen einige besonders attraktive Wegbegleiterscheinungen ihren Anfang. Die Orangeroten Becherlinge. Sogar die einiges gewöhnten und eigentlich maßlos verwöhnten Sonnenstrahlen weichen verblüfft zurück, so einträchtig schwelgen Farbe und Form, denen wir als fast unwirkliches Leuchten und Funkeln huldigen. Wie verschwenderisch dicht bepflanzte Rabatten tomatisierter Röschen. Aneinandergeschmiegt, als müßten sie sich gegenseitig wärmen. Stünde der Weg aufrecht, wäre der schmale Wiesensaum sein Hemd, die Becherlinge wären seine Rüschen. In Komplementärfarben. Sehr geschmackvoll.

Eigentlich schmecken Orangerote Becherlinge nicht. Freundlicher ausgedrückt: Sie schmecken nach nichts. Die gummiartige Konsistenz und auch die scheinbar giftige Farbe schützen sie erfolgreich vor Dezimierung. Sind es viele – und es sind immer viele –, dürfen wir ruhig einen entnehmen und etwas kühles Bachwasser damit schöpfen. Nur ein kleiner Schluck für die Menschheit, ein großer Schluck für uns. Wie oft haben wir uns beim Wunsch ertappt, eine Doppelhandvoll mitzunehmen, um unseren nächstmöglichen Gästen aus, zugegeben, partiell niedrig motivierter Originalitätssucht ein kühles Kirschwasser aus diesen Wunderbechern zu kredenzen. Wir lassen sie lieber stehen. Was würde sonst anschließend mit ihnen geschehen? Jämmerlich verderben in anonymer Abfalltonne? Oder mit geheucheltem Interesse und der hinterherigen Bemerkung in den Magen gemeuchelt: »Na, was Besonderes ist es nicht gerade«? Nein, so soll die Pilzwelt nicht beschaffen sein. Allein der Gedanke soll strafbar sein. Das haben wir soeben in Abstimmung mit dem Bach einstimmig und ohne Gegenstimmen verfügt (bei null Enthaltungen).

Späte Bescherung

Samtfußrübling

Flammulina velutipes

Den Gemeinen Asylanten lassen die Stadtväter auf dem Berg siedeln, das ändert sich auch im neuen Jahr nicht. Mit einem naschzeugfetten Campingrucksack (tarngrün, ausgewaschen) schwinge ich mich aufs Rad, denn obwohl die weihnachtlichen Gutelaunemassaker längst und glücklich ausgestanden sind, weiß man vor überflüssig dem Kindchen aufgenötigten Spiel- und Zuckerwerk nicht wohin mit seinem Fuß in dieser Wohnung. Flugs verkünde ich also, allen Überfluß dem örtlichen Asylbewerberheim zu stiften, was in Familienkreisen unverzüglich als Affront aufgefaßt wird. Anders aber ist kaum präventive Abhilfe zu schaffen.

Auf dem Berg empfängt mich ein mit ungebräuchlichsten Farben beworfenes Containerdingsbums, sorgfältig bewehrt mit Stacheldrahtgeflecht. Schilder mit der Aufschrift »Feuerwehrzufahrt. Bitte freihalten!« und ein ungelenkes Schildhäuschen verwehren den Zugang, darin ein Schnauzbartwesen.

Mein Wunsch, Wohlstandsgut abzuliefern, möge doch wenigstens seine Züge aufhellen. Nichts da! Die Mimik des Privatwachmannes läßt auf gänzlich andere Empfindungen schließen, die ich nachträglich als nur notdürftig kaschierte Feindseligkeit interpretieren möchte.

Der Fragesatz »Na, was ist, darf ich rein?« gehört jedenfalls nicht zu seinem passiven Wortschatz. Er schnauzt auf mich herab, und die Fortsetzung des Wortwechsels mit anderen Mitteln scheint unausweichlich. Ihm fehle sicher die Kenntnis grundlegender Weltzusammenhänge, bringe ich gerade ins Volkstümliche übersetzt zum Ausdruck, das Konfliktpotential nimmt knisternd an Deutlichkeit zu ...

... da blinkt ganz unvermittelt ein warmer Winterstern auf, wird der Containerschuppen von hellem Widerschein umglitzert. Selbst die vom Eiswind gerupften Sträucher scheinen sich zu verneigen. Jedenfalls bilde ich mir das jetzt ein. Am Baumstumpf gegenüber der Containertür sind Samtfußrüblinge angebracht. Vielleicht hundert. Als hätte er sich ein Goldgeschmeide umgehängt. Eine approximativ morgenländische Pracht. Ein kleiner Schatz des Priamos.

Für die Drecksackdrohungen habe ich kein Ohr mehr – ich will eben niederknien und mich anerkennend zu diesem holden Erscheinungsbild äußern, da muß die diensthabende Sozialarbeiterin über dem Schneematsch angeschwebt sein – jedenfalls vermute ich, daß sie angeschwebt kam, denn auch ihr Erscheinungsbild läßt Rückschlüssen auf profane Fortbewegungsarten keinen Raum – und den Barschkopf milde in die Schranken gewiesen haben.

Jedes ihrer Worte ist wie in Noten gesetzt, will ich glauben. Da bilden neugierig gewordene Kindlein ein Bistudaweihnachtsmann-Spalier und spannen in meinen Rucksack. Verführerisch duftendes Backwerk mit so Zuckerdingern dran läßt ihre Augen funkeln. Schöne Bescherung. Wenn auch ein paar Wochen zu spät.

Nachdem ich den Rucksack mit golden schillernden Samtfußrüblingen ausgepolstert habe, drehe ich dem Arschgesicht am Checkpoint noch eine riesengroße Nase, wünsche ihm den Vorruhestand an den speckigen Hals und brause – diesmal nicht als Leerfahrt – zurück ins Tal.

»1A-Material. Schreib das alles auf!« rät mir Herr Egner per Fax. – Schon geschehen.

Geruchsproben aus dem Kulturbeutel

Samtiger Maronenröhrling
Xerocomus spadiceus

Können sich die geneigten Leser überhaupt unter dem Tränenden Rettichfältling etwas vorstellen, dem Stumpfglockigen Saftling, dem Blaugestiefelten Schleimkopf, dem Bewimperten Filzkrempling vielleicht? Schöne, vielleicht sogar zutreffende Namen, doch so manches Mycel würde die Entfaltung seines Fruchtkörpers protesthalber unterbinden, wüßte es, daß er dann Hasenpfotentintling, Strengriechender Ellerling, Muschelförmiger Krüppelfuß, Ranziger Rußnabeling, Gemeiner Ohrlöffel, Gerunzelter Mürbling, Rußiger Schwanztrüffel, Borstiger Knäuling, Olivbrauner Mordschwamm, Gallertartiger Zitterzahn oder Wurstbreitäubling heißen soll. Es wäre sicher auch deprimierend, wissentlich als Schwachreagierender Ledertäubling dahinzuvegetieren.

Noch ärger wird's, wenn es an die genauere Beschreibung geht. Da haben die Mykologen richtig tief im Kulturbeutel gekramt. Speziell für den Geruch, dem angeblich subjektivsten unserer Sinne. Gut, der Queradrige Milchling rieche nach »Apfelkompott«, der Blasse Milchling dafür nach »Stachelbeerkompott«. Der Geruch des Düsteren Röhrlings spiele zuweilen ins »Unangenehme, oft apothekenartig«. Die Stinkmorchel stinke nach »stark faulenden Zwiebeln«, der Birnenstäubling »unangenehm nach Leuchtgas«, der Großsporige Egerling dito »unangenehm«, aber »nach Urin und Verwesung«. Nicht ganz eindeutig sei das beim Rauhhaarigen Rißpilz, der zwischen »widerlich, hingegen nicht spermatisch«, aber »später nach frischen Walnüssen« dufte. Schwierig auch die Bestimmung beim Rhabarberfüßigen Rauhkopf, der schicksalhaft ohne Geschmack sei, sich aber mit »Lokomotivengeruch« an der Schöpfung räche, und vollends durcheinander geht's beim Würzigen Schleimkopf zu, der entweder »nach Lavendel,

Orangeblüten oder Majoran, Muskat resp. alten Lumpen« odiere.

Die Lage spitzt sich just für den Pilzesucher zu, der die gefundenen Pilze nicht sofort bestimmen kann. Denn nach längerem Liegen verbreite der Staubfüßige Trichterling einen Dunst »fast nach Katzendreck«, während der Unverschämte Ritterling (so was gibt's!) »unerträglich nach leerem Sauerkrautfaß« stinken solle. Desaströs ist es für Finder des Elfenbeinschnecklings, dessen Transpiration (säuerlich aromatisch) »ähnlich der Raupe des Weidenbohrers« sei. Und der Edelreizker stellt die Sammlercombo vor das Problem, in seiner »obstartigen Duftwolke« die »blattwanzenartige Komponente« ausmachen zu müssen. Der Karbolegerling dufte ziemlich »nach Eisengallustinte«, der Kleinschuppige Waldegerling »spezifisch wie ausgelöschte Kerze«. Da sei es direkt beruhigend, wenn der Frühlingsrötling mehr Frischluft um sich duldet und »nur schwach« ausdunsten soll, »jedoch nicht nach Mehl«.

Leider macht nur eine verschwindend kleine Minorität das Pilzeschnüffeln wirklich zum Vergnügen. Der Zitronengelbe Glockling könnte »ananasartig und nach Amyacetat« riechen, der Graue Wulstling »an Biskuit anklingend«, der Verfärbende Schneckling »nach Toilettenseife«, der Schwarzschuppige Schirmling »weihrauchartig«, der Ziegelrote Faserkopf »süßlich-spirituös, an Senfsoße« und der Zedernholztäubling »deutlich an Zigarrenkisten erinnernd«.

Aber, liebe Natur, liebe Mykologen, was für ein Aufwand! Dabei würden »einfacher, würziger Pilzgeruch und Pilzgeschmack« völlig ausreichen, oder »erfrischend« und »angenehm« wie beim Samtigen Maronenröhrling mit seinem dunkelbraunen Samthut, der sich unter sehnigen Baumwurzeln hervorbiegt, seine Lamellen helle Gelbtöne ausprobieren und den Stiel nußbaumbraun masern läßt. Das wären doch endlich mal klare Worte. Oder was meinen unsere Leser?

Betrifft: Maronenröhrling

Gastbeitrag von Horst Tomayer

Lieber Michael, lieber Chef des Buches über die Pilze, die Heiligen der letzten Tage!

Ich danke Ihnen, daß Sie mir in Ihrer Pilzanthologie den Maronenröhrling als Gastbeitrag eingeräumt haben. Sie wissen, daß ich für gewöhnlich kein Thema sausen lasse, sei es das vom Feminismus verfolgte Vaterunser, sei es der mit Abfangraketen befaßte Kannibale. Warum sollte ich ausgerechnet beim Reflexionstopos Maronenröhrling kneifen? Nun, es ist, lieber Herr Kollege, das Ischiassyndrom, das mich dieser Tage mental total molestiert und somit hindert, ein botanisch-lebensmittelkundlich erschöpfendes wie literarisch befriedigendes Portrait dieses sympathischen Wildspeisepilzes zu erstellen. Sie werden womöglich zurecht einwenden, daß Gott trotz größerer Schmerzen die Welt erschaffen habe, und daß ich mich wegen des bißchen sciatic pain syndrome, das Heinrich der Achte zeitlebens verlachte, nicht so haben solle. Aber mir geht der arschbackenabwärts bis in den linken Außenrist strahlende Wehdam derart auf die Nerven, daß an ein schönes Schreiben nicht zu denken ist und mich nur ein einziger Gedanke umtreibt, ob sich dies wieder gibt, und zwar soo, daß ich im Spätsommer 2001 wieder mit Andacht und Fleiß, aber ohne Krücken dem Maronenröhrling nachzusteigen vermag, diesem wunderwunderschönen braunkappigen pfannebutterzwiebelpetersiliesahnesalz&pfefferkompatiblen Mädl im Wald / wo hoch über den in Tannennadelparkett und Moosplüsch gekuschelten Kühlschrankleichen und entleerten Schaumweinpullen und herrenlosen Kondomen auf einen Quadratkilometer pro Tag im Schnitt 0,37 Mal das Kiwitkiwit des Pfändungsvogels erschallt.

P. S. Haben Sie, lieber Michael, von dem Feldversuch des Hamburger Instituts für Effizienzerforschung gehört? Die haben, in Kooperation mit der JVA Fuhlsbüttel, am 23. August letzten Jahres eine Hundertschaft Freigänger von sechs bis dreizehn Uhr durch den Staatsforst Hahnheide streifen lassen, im Zweimeterabstand, jeder mit einer Kunstpostkarte mit dem Maronenröhrlingsmotiv des Italieners Giuseppe Arcimboldo als Identifizierungshilfe, und nach der mit 141 Kilogramm von astrein bis wurmifiziert verblasenen Strecke wurde dann die zweite, die Kontrollhundertschaft von dreizehn bis zwanzig Uhr losgeschickt, deren Nachlese gerade einmal 800 Gramm erbrachte, was das Institut zum Resümee veranlaßte, daß der Mensch, der die Jagd auf den Maronenröhrling bisher als individuell-konkurrenzlerische Abenteuerei mit in Kauf genommen ungewissem Beutevolumen inszeniert habe, wenn er nur kollektivsolidarisch wolle, auf diesem Gebiet ähnlich flächendeckende Ernten erzielen könne wie bei Weizenreismais, Tiermehl, Fleurop, Demoskopie, Internet und Formel 1. Ich frage mich nur, lieber Michael, ist das nicht bedenklich, ja gar entsetzlich, wenn die Chancen des Suchens gegenüber dem Finden immer mehr schwinden, ja wenn das Suchen vom Finden eines Tages verschlungen sein wird wie Atlantis von der Aufklärung?

Herzlichst Ihr
Hotte Tomayer

Hydnum repandum

Semmelstoppelpilz
Hydnum repandum

Die Grundbausteine des *Hydnum repandum* operieren wie bei allen anderen europäischen Großpilzen zunächst im mikroskopischen Bereich. Seine Hyphenfäden haben Durchmesser von höchstens 0,5 bis 100 Millimeter. Sie sind durch Septen in Kompartimente unterteilt. Immerhin. Sie besitzen ferner außer den Plastiden alle für eukaryotische Zellen typischen Organellen. Die Hyphensegmente zwischen den Septen enthalten einen oder mehrere Zellkerne. Weiterhin treten im Cytoplasma der Hyphen Mitochondrien, Endoplasmatisches Reticulum, Ribosomen, Vacuolen sowie Lipide und Glykogengranula als Reservestoffe auf. Letztere zumeist in ausdifferenzierten Hyphensegmenten, in den Nahrungsspeicherstrukturen oder in den Sporen. Sein Cytoplasma wird nach außen durch das Plasmalemma abgegrenzt. Den Hauptbestandteil bildet eine makromolekulare Komposition aus N-Acetylglucosamin-Bausteinen in 1,4-Stellung – Chitin. Das Wachstum der Hyphen erfolgt apikal. Man nimmt an, daß durch zunehmende Vakuolisierung ein Turgor erzeugt wird. Der apikale Bereich wachsender Hyphen ist an den zahlreichen Vesiceln erkennbar. Sie stammen vom Endoplasmatischen Reticulum oder von Dictyosomen ab und liefern das benötigte Zellwandmaterial. An der Hyphenspitze verschmelzen sie mit dem Plasmalemma, wobei sich der Baustoff in die Hyphenwand entleert. Die Differenzierung erfolgt mit zunehmender Entfernung von der Spitze. In älteren Abschnitten kann es sekundär zur Ausbildung von Verzweigungen kommen.

Die Sporen sind Vermehrungseinheiten, die ohne Sexualität zu einem neuen Organismus heranwachsen können und logischerweise auch nicht aus einem Sexualakt hervorgegangen sind. Der Vegetationskörper – das Mycel – ist somit nichts weiter als ein hochkompliziertes Geflecht aus verzweigten und vernetzten Hyphenfäden, das für die ungeschlechtliche Fortpflanzung fruktifizieren muß.

Zur Ausbreitung der Sporen dient dem *Hydnum repandum* ein kaum verwechselbarer Fruchtkörper. Die Basidiocarpien sind zentral gestielte Pilothecien mit monomitischer, semmelgelber Trama. Diese Trama wird von den Plectenchymen, also verdichteten und verflochtenen, teilweise auch verklebten Hyphenfäden gebildet. An seiner Oberfläche hat sich ein hellgelber stachelförmiger Hymenophor als Trägerstruktur für die Sporen differenziert. Das unterscheidet *Hydnum repandum* fundamental von den Blätterpilzen, die radiär orientierte, hymenientragende, plectenchymatische flache Strukturen an der Hutunterseite ausbilden, und den zylindrischen Röhren der boletoiden, polyporoiden und fistulinoiden Hymenophore.

Der Semmelstoppelpilz zählt zur Gattung Hydnum in der Ordnung Cantharellales. Er wächst terrestrisch und ist vermutlich ein Mykorrhizapilz. Die Verbreitungsschwerpunkte dieses (juvenil) deliciösen Speisepilzes sind Kalkbuchenwaldgesellschaften und Wochenmärkte. Leider ist die früher generös dislozierte Gattung durch die progressive Bodenübersäuerung in ihrem Bestand gefährdet.

Eine mykologische Sensation

Tantelfintling

(noch keine lat. Bezeichnung)

[HAMBURG EIGENER BERICHT] Am Donnerstag trat der Vorstand der Deutschen Mykologischen Gesellschaft (DMG) vor die Presse und konnte mit einer kleinen Sensation aufwarten. Was in den letzten Wochen höchstens in Fach- und Laienkreisen für erhitzte Gemüter gesorgt hatte, ist nun zur Gewißheit geworden. Der Tantelfintling konnte erstmals als neu entdeckte, eigenständige Pilzspezies einer interessierten Öffentlichkeit präsentiert werden. Damit hat das fieberhafte Wettrennen der letzten fünfzig Jahre einen krönenden Abschluß gefunden. Auf einen lateinischen Namen habe man sich bisher noch nicht einigen können, so Pressesprecher Karl Plesser. Aber, man könne versichert sein, die Freude über die vom Forschungsteam um Dr. Zechmann erbrachten Leistungen sei groß.

Daß es einen Tantelfintling geben muß, galt seit nahezu fünfzig Jahren als unbestritten, nur war es bisher niemandem gelungen, diesen Pilz zu finden. Erst die optimale Witterung des Sommers 2000 habe den Wuchs zweier zur signifikant taxonomischen Abgrenzung nötiger Exemplare in einem Fichtenwald nahe der Stadt Höxter begünstigt. Es handele sich beim Tantelfintling um einen außergewöhnlich gut aussehenden, anmutigen Röhrling. Der Hut in Steinpilzhellbraun gehalten, die Lamellen marlbororot, der Stiel leuchtend gelbbräunlich wie bei jungen Maronenröhrlingen. Das Fleisch zartbeige und von ausgezeichnetem Geschmack. Noch seltener, noch köstlicher, noch kostbarer als Trüffeln. Die Augen des Pressesprechers funkelten bei diesen Worten beweiskräftig.

Die freudigen Ereignisse in Hamburg wurden jedoch durch eine nur wenige Stunden später von der Alternativen Pilzgesellschaft (APG) in Pinneberg einberufene Pressekonferenz überschattet. Man habe im Gegensatz zur DMG

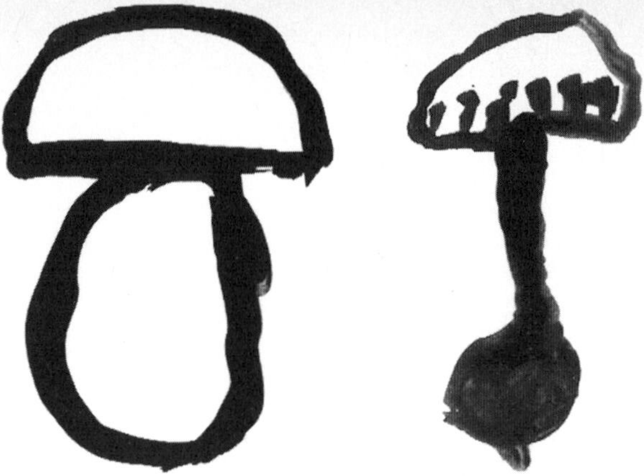

© Eva Rudolf

den »wahren« Tantelfintling entdeckt, versicherte der Vorsitzende, Dr. Christian Raetsch. Dieser unscheinbare Blätterpilz wachse praktisch immer, von Januar bis Dezember, einzeln, gesellig, massenhaft, in Ringen, in Parks, Wäldern, Gärten, an Ufern, auf Sand, Kalk, Schiefer, auf Felsen, Dächern, Gewerbegebieten, trocken oder feucht, überall. Er sei in arktischen, subtropischen und alpinen Regionen heimisch. Sogar in Wüstenregionen und im Einzugsgebiet des Amazonas sei er unzählbar oft nachgewiesen worden. Der Tantelfintling, der je nach Standort willkürlich Form und Farbe ändern könne, sei ferner nicht als Speisepilz geeignet, sondern vielmehr komplett ungenießbar und weise eine geringe Konzentration psychotroper Substanzen (u. a. Psilocybin, Psilocin, THC, Backpulver, Mescalin) auf.

Entsprechende Reaktionen der DMG ließen nicht lange auf sich warten. Hardliner sprachen von »unglaublicher Frechheit«, »unfaßbar peinlicher Selbstshow« Raetschs und »purer Stimmungsmache«. Ansehen und Kompetenz der deutschen Mykologie im Ausland stünden auf dem Prüfstand. Der *Spiegel* schrieb: »Dieser Richtungsstreit widerspiegelt nur aufs Neue das derzeit stark belastete Verhältnis von Schul- und Alternativmykologie.« Doch der Riß geht tiefer. Der APG steht das Wasser bis zum Hals. Fachkräfte beklagen extrem untertarifliche Bezahlung, trübe Karriereaussichten und laufen scharenweise zur DMG über. Vor dem Hintergrund ständiger Machtintrigen im Vorstand und dem schleichenden Verlust an wissenschaftlicher Seriosität benötige die APG dringend einen Prestigeerfolg. Doch der rapide Imageverfall könne auch mit blindem Aktionismus nicht aufgehalten werden, so Bracheninsider. Eine große Chance sei ohne Not von Raetsch vertan worden. Der Kampf der Giganten gehe jetzt in die letzte, alles entscheidende Runde, hieß es in Fachkreisen.

Ein Sprecher der DMG schien heute gegenüber unserem Korrespondenten um Schadensbegrenzung bemüht: »Wir sind im Augenblick nicht an einer weiteren Zuspitzung der Situation interessiert.« Auch im Hinblick auf Mitglieder in den eigenen Reihen sprach er davon, es sei »voreilig und völlig unnötig viel mykologisches Porzellan zerschlagen« worden. Vielmehr komme es an der Schnittstelle zum 21. Jahrhundert darauf an, die gewonnenen Erkenntnisse über den Tantelfintling auszuwerten und im Interesse aller Pilzfreunde gemeinsam nach vorne zu schauen.

Krustenschmutz und Pustelwulst

Perlpilz

Amanita rubescens

Der Perlpilz ist ein Grenzgänger, einer, der in den Grauzonen der Genießbarkeit wildert. Technisch ausgedrückt: Er ist bedingt eßbar.

Außerdem gehört er einer Pilzfamilie an, die sich Amanita – Wulstlinge – nennt. Das ist kein in Vergessenheit geratener Mädchenname, sondern die Klassifizierung einer äußerst zwiespältigen Gruppe. Die prominentesten Würdenträger dieser Wulstlinge sind der Fliegenpilz *(Amanita muscaria)*, der Grüne Knollenblätterpilz *(Amanita phalloides)*, der Pantherpilz *(Amanita pantherina)* und der Kaiserling *(Amanita caesarea)*.

Zwiespältig heißt hier ganz konkret, daß die einzelnen Vertreter sich der höchsten Verwechslungsrate im Pilzreich erfreuen. Es ist in unseren zunehmend oberflächlichen Zeiten weltweiter Globalisierung keine Kunst mehr, vor allem junge Vertreter dieser Familie in einen Topf zu hauen. Junge Perlpilze ähneln jungen Fliegenpilzen, Pantherpilzen, Knollenblätterpilzen und Kaiserlingen wie ein Ei dem anderen. Woher das kommt? Weil sie wie aus einem Ei schlüpfen. Beim Grünen Knollenblätterpilz und beim Kaiserling bleiben die Eierschalen als Volva erhalten, ein Beweisstück, das die knollige (wulstige) Stielbasis wie ein Kugellager umschließt. Bei den anderen überdauern die Schalenreste als hagelzuckergroße Warzen auf dem Hut. Ein weiteres Kennzeichen ist der Ring (Manschette), der am Stiel zurückbleibt, wenn der Hut seinen Schirm aufspannt. Es ist durchaus nicht verfehlt, von einer dedizierten Spektabilität dieser Familie zu sprechen.

Doch täuscht der äußere Eindruck immens. Während der Fliegenpilz die eindeutigen Signale seiner Gefährlichkeit mit sich herumträgt (feuerwehrroter Hut) und demzufolge schon in Märchen- und Schulbüchern kinderleicht als

Prototyp des Giftpilzes stigmatisiert wird, steht seine Giftigkeit in keinem Verhältnis zum Grünen Knollenblätterpilz. Der Rote Fliegenpilz dealt von Mal zu Mal mit stark differierenden Muscarindosen, und der frühherbstliche Wald verkommt zum größten legalen Drogenumschlagplatz, weit vor dem Oktoberfest. Heute wird kaum noch jemand von tödlicher Giftigkeit reden wollen, doch die Freunde des Rausches erkaufen ihren Freudentaumel nicht selten teuer. Muscarin befördert Rauschzustände, Halluzinationen und euphorisches Nebenderkappelaufen, die einer subkomatischen Depression Platz machen. Außerdem erfahren Magen und Darm erhebliche Beschwerden, Schweißinflation, Speichel- und Tränenüberproduktion inklusive.

Ähnliche Symptome treten beim Pantherpilz auf. Er trägt einen graubraunen bis gelblichen Hut mit dem gleichen Krustenschmutz und Pustelwulst. Lamellen, Stiel und Fleisch sind unveränderlich weiß, und seine Manschette ist nicht gerieft. Dafür ergänzt er die Fliegenpilzpalette um Wutausbrüche, SPD-Wählen und noch extremere Übelkeiten. Wen also Dauerkotzen, Schwindelgefühl und die Neue Mitte nicht stören, der mag ruhig zwei Tage in diesem Elend verbringen.

Der ebenfalls rotbehütete Kaiserling ist nicht nur eßbar, sondern für viele die Pilzdelikatesse schlechthin. Gerade deswegen rät jeder Sachverständige beim Kaiserling zur Vorsicht und zum Einprägen seiner Gattungsmerkmale im Unterschied zum Roten Fliegenpilz: Stiel, Ring, Lamellen und Fleisch müssen goldgelb sein. Bitte die gratis mitgelieferte (groß und weiß) Scheide beachten.

Merken!

Ungleich schlimmer und mit unausweichlich letalen Folgen behaftet ist das Elend des Knollenblätterpilzgenusses, des giftigsten und heimtückischsten aller Pilze. Heimtückisch zumal, weil das mild nussige Geschmackspsychogramm des Grünen Knollenblätterpilzes keine toxischen Ahnungen aufkommen läßt. Nach vier Stunden geht es mit intensiven Magen-Darm-Verwerfungen los. Diarrhöe, Erbrechen, all das. Der Tod tritt im günstigen Fall durch Herzstillstand und nach kurzer Zeit (vier Stunden) ein, im ungünstigeren Fall werden Niere und Leber langsam (zwei Tage) atomisiert, und der bis zur Erlösung bei vollem Bewußtsein ausharrende Konsument muß Schreckliches an sich erdulden. Die wichtigsten Trademarks noch einmal zum Mitschreiben: olivgrün bis weißlicher, faserig-filziger Hut, Lamellen weißlich bis gelblich, Ring und Scheide weißgestreift, das Fleisch nach Rosenblüten duftend.

Der Perlpilz dagegen hat von jedem etwas und setzt sich ein bräunlich rötendes, leicht perlmütterlich schimmerndes Barett auf, die Lamellen sind immer weiß und etwas rosa befleckt, der Stiel, der geriefte Ring und das feuchtfeste Fleisch zeigen sich immer weiß bis rot. Vor allem die Fraßkanäle der insektoiden Mitesser sind immer stark errötet. Und nochmals die Warnung: Im Zweifelsfall den Pilz stehenlassen und meinetwegen mit Verachtung strafen. So köstlich ist er auch wieder nicht.

Doch Halt!

Wir haben neuerdings mit der Dillsauce genügend unkonventionelle Waffen zur Hand, um dem oft geschmähten Perlpilz kulinarische Gerechtigkeit widerfahren zu lassen. Zudem ist die Dillsauce an vornehmeren, will heißen milderen, also nussigeren Pilzen pure Verschwendung. Einen XXL-Eßlöffel Butter zerlassen und ihr ordentlich grob gemahlen Pfeffer geben. Das kann ruhig eine längere Zeit brutzeln. Sagen wir: fünf Minuten. Ich bilde mir nämlich ein, daß dadurch die Schärfe des Pfeffers mit Aroma substituiert wird. Eine halbe winzigklein gewürfelte Zwiebel ergänzt den Pfanneninhalt und sorgt für unmißverständliche Duftsignale. Die Zwiebeln dürfen bald leicht erbräunen, dann sind die möglichst vorher an Ort und Fundstelle nach guter Indianerart skalpierten Perlpilzscheibletten dran. Es muß viel gerührt werden. Perlpilze eignen sich leider schlecht zum Braten, müssen aber aufgrund ihres Muscaringehaltes trotzdem eine Mindestzeit von zwanzig Minuten auf der Flamme zubringen (niemals roh verzehren!). Ab jetzt zerfällt die Perlpilzgefolgschaft in zwei unversöhnliche Lager. Die Konservativen nehmen Mehl, die angeblich Progressiven Mascarpone. Solche Bewertungen sind natürlich Quatsch. Für uns genügt: Mit Mehl wird es eine gewöhnliche Mehlschwitze. Einzige Modifikation: Der Saucenfond aus Sahne wird sofort mit der anderen Hälfte der auseinandergewürfelten Zwiebel beglückt. Den passend gezupften Dill erst kurz vorm Servieren zugeben, während die obligatorisch bereitgehaltene Petersilie in hohem Bogen aus dem Fenster fliegt. Die Fraktion um Don Mascarpone gibt statt Mehl die Restzwiebel zu den Pilzen, knipst den Herd aus und rührt zwei bis drei happige Löffel des gleichnamigen Frischkäses darunter. Auch hier gilt ehern: Brüsseler Dillspitzen zum Schluß. Beide könnten jetzt noch einen guten Schluck Weißwein vertragen. Wir auch.

Wechselseitige Zugewinngemeinschaft

Birkenpilz

Leccinum scabrum

Niemand scheint sie zu mögen – die Birke. Woran kann es liegen? Daß halb Rußland besonders kurz vor Moskau damit voll steht? Daß sie kein Nutzholz liefert, dafür aber Pollen, ausreichend für zwanzig Milliarden Allergiker? Daß die Birke ein Pioniergehölz ist und höchstens zum schnellen Vertuschen früherer und aktueller Umweltsünden (Erztagebau, Truppenübungsplätze, Uferbegradigungen, Brandstiftungen, Gewerbegebiete, Rodungen et cetera) verwendet wird? Oder als Bahntrassenbegleitflora und in jedem Modelleisenbahnbausatz herumkullert? Oder als Vorlage für Pink Floyd-Plattenhüllen mißbraucht wird?

In diesem Fall ist die Volksseele unergründlich. Unbarmherzige Förster bestellt sie, um aufstrebende Kiefern- und Fichtenschonungen zu entbirken. Wo es der schmarotzende Birkenporling *(Piptoporus betulinus)* mit seiner Weißfäule nicht von selber erledigt – irgendwann knickt der Birkenstamm davon auf halber Höhe ab –, dort helfen stämmige Holzfäller mit lärmenden Motorsägen und bifi nach. Hauptsache »Birkenfreie Zone«.

Niemand läßt sich auch nur andeutungsweise herab, die kleinen zipfligen Blätter zu loben, die weiße, im Alter knorrige Rinde, den frischen Duft, das immer leicht im Wedeln und Wiegen begriffene freundlich-hellgrüne Gesamtgebilde. Niemand mag sie.

Wirklich niemand? Doch: einer. Der Birkenpilz ist die lichtstrahlende Ausnahme.

Nur ergeht es ihm kaum besser. Obwohl er tagtäglich zu den erhabenen Röhrlingen gehört, einen fahrradsattelfesten Stiel unter seinen mal sepiabraunen, mal mausbraunen, mal mit graugrünlichen Reflexen gesegneten Hut stellt. Die kappig vollendete Hutoberfläche kann mitunter samtig oder bereift sein, und der Stiel ist ein ähnlich harter Rauhfuß wie bei den Rotkappen *(Leccinum quercinum et al)*. An ihm haben sich Generationen von Insekten die Zähne ausgebissen. Wer Augen dafür hat, kann nur eines bestätigen: Im jungen Stadium nimmt der Birkenpilz wahrhaftigen Erscheinungscharakter für sich in Anspruch. Wie nicht von dieser Welt.

Doch auch hier wieder Mißgunst und Herzlosigkeit. »Mittelmäßiger Speisepilz«, »im Alter zäh« oder »schwammig«, »minderwertiges Fleisch«, »Huthaut, Röhren und Stielbasis nicht mit verwenden«, alle Signale, die den gerechten Sammler abspenstig machen sollen, werden ungeniert in Umlauf gebracht und maßlos übertrieben. In manchen neueren Pilzwerken fehlt der Birkenpilz gänzlich. Nur weil er als einziger den Mut aufbringt, in ausschließlicher Mykorrhiza mit der Birke zu leben?

Andere heterotrophe Pilze können sich vor Beliebtheit kaum retten, Butterpilz *(Suillus luteus)*, Marone *(Xerocomus badius)*, Goldgelber Lärchenröhrling *(Suillus grevilleï)*, Damen- bzw. Frauentäubling *(Russula cyanoxantha)*, wie sie alle heißen. Selbst Pilzkollegen, die in ihren Mykorrhizapräferenzen manchmal überhaupt nicht wählerisch sind und von Baum zu Baum zappen. Von den Saprophyten ganz zu schweigen: Speisemorchel *(Morchella esculenta)*, Riesenegerling *(Agaricus augustus)* und Orangeroter Becherling *(Aleuria aurantia)* bleiben von verletzender Willkür samt und sonders unangetastet.

Der Birkenpilz – ein Haßpilz wegen des Haßbaumes? Schwer vorstellbar am Beginn des so aufgeklärt eingeläuteten 21. Jahrhunderts. Und doch bittere Realität.

Dabei ist die wechselseitige Zugewinngemeinschaft der stark mykotrophen Birke mit dem heterotrophen Birkenpilz ein funkelnd schönes Beispiel für allwetterfeste Partnerschaft in Sachen Wasser- und Nährstoffversorgung. Für das reibungslose Funktionieren der Ektomykorrhiza sind die Birkenwurzelspitzen von einem geschmeidigen Hyphenmantel umgeben. Das Mycel arbeitet fleißig als Kundschafter und geschickt verlängerter Arm der Pflanzenwurzeln; es kennt die besten und ergiebigsten Wasserblasen unter der Erde, die geheimsten Vorkommen an Stickstoff- und Phosphorverbindungen oder das neueste Sonderangebot an Kalziumionen. Und sie kann die Güter um ein Vielfaches effektiver aufnehmen und transportieren. Im Tausch dafür erhält das Mycel essentielle organische Stoffe aus der Birken-Photosynthesefabrik, leicht verdaulich aufbereitet und lieblich angerichtet, eigentlich alles, was das Pilzherz begehrt.

Und beide können bestens davon und damit leben. Warum können wir das nicht?

Mischpilze suck!

Großer Schmierling

Gomphidius glutinosus

I

Wie immer sind es die wesentlichen Dinge, die unsere Existenz in eine erträgliche Form gießen. Selten erhitzt sich daher mein Gemüt leidenschaftlicher als in puncto Mischpilze, denn hier braucht es Klarheit. Vollends.

Geldausgeberische Willkür ist dafür verantwortlich zu machen, daß ich neulich eine Eisenpfanne gekauft habe, eine Bio-Eisenpfanne.

Vorbei die Zeiten der Emaillepfanne, die über die Zeit volles Rohr den Schwermetallbedarf ganzer Ethnien deckte, dafür aber selbst Spiegeleier zur Herausforderung werden ließ. Vorbei auch teflonbeschichtete Fehlentwicklungen, denn Pilzgerichte, wie sie die/der Fachfrau/-mann versteht, waren damit ebenfalls ein Ding der Ungenießbarkeit. Was war es überhaupt, das die Eisenpfanne mit einem Mal aus dem Küchenverkehr gezogen hat? Niemand spricht darüber. Versuche mit Plastikpfannen wurden ganz schnell wieder eingestellt. Auch die Holzpfanne konnte sich bekanntlich nicht durchsetzen. Nur bei den zu Recht ausgestorbenen Neandertalern fand sie okkasionell Verbreitung, wozu genau, weiß kein Mensch.

Herr Sander kann das nur bestätigen. Auch teilt er meine Einschätzung der Notwendigkeit schlichter Eisenpfannen. Was er nicht teilt, ist die Einsicht in die essentielle Bedeutung monotypischer Ausgangsware für ein Pilzgericht, denn Mischpilze gehörten verboten! Selbst Frau Fischer gibt das unumwunden und notfalls auch per Mail zu. Und die Familie Egner will mit Mischpilzen sogar eine Eisenpfanne in Grund und Boden, Schutt und Asche gebraten haben. Die Herren Henschel und Roth frage ich gar nicht erst, die haben sowieso keine Ahnung. Nicht einmal mein argumentativer Joker, erst die separat gebratene Pilzsorte ermögliche eine einwandfrei begriffliche Klassifizierung des Pilzgerichtes inklusive sensorisch eindeutiger Zuordnung, konnte beim feinen Herrn Sander verfangen. Man überlege sich nur: wohlschmeckende Maronen *(Xerocomus badius)* mit Ziegenlippen *(Xerocomus subtomentosus)* oder, noch schlimmer: Perlpilzen *(Amanita rubescens)* gestreckt. Oder Pfifferlinge *(Cantharellus cibarius)* und Große Schmierlinge in einer Pfanne – das kann nicht gut gehen! Oder tiefgefrorene Pilzmischungen (Butterpilze, Stockschwämmchen, Shiitake) – Präzedenzfälle fürs Oberste Pilzgericht! Kaum mehr.

Dabei leistet Sander als dito frisch gebackener Eisenpfannenbesitzer so wichtige Missionsarbeit in Leipzig, einer mykophagen Diaspora reinsten Wassers. Bekanntlich wurde die Pleißemetropole auf kilometerdicken Trümmerschichten zerplatzter Bratpfannen und zähen Sedimenten ungenießbar gemachter Mischpilzgerichte errichtet. Doch weht uns dort nicht ein Hauch der Einsicht an. Die Speisemorchel *(Morchella esculenta)* wird noch immer für das Leipziger Einerlei versklavt! Schlimm!

An dieser Stelle wäre ein klärendes Gespräch sicher ganz gut.

Ohne Widerworte geklärt werden konnte bislang auch nicht, welches Fett für den reibungslosen Garprozeß von Pilzgerichten Anwendung finden sollte. Wieder war es eine überwältigende Dreidrittelmehrheit, die für gute Butter respektive Butterschmalz plädierte, nur »Spezialist« Sander »sagte« und sprach: Margarine. Außerdem präferiere er Piri-Piri dazu. Pfeffer hingegen nie. Das ist bitter; auf dieser Basis ist doch keine Verständigung mehr möglich.

In was für einer Welt leben wir eigentlich?

II

»Das könne man so nicht stehen lassen.« Unter diesem Motto stand der eilends von Herrn »Piri-Piri« Sander einberufene Pilz-Kongreß im Kalikurort Bad Bischofferode. Die Gespräche verliefen in einer freundschaftlichen Atmosphäre. Schnelle Einigung konnte in der strittigen Frage erzielt werden, ob Mischpilze oder nicht … Papperlapapp! Bereits im Vorfeld war es in der Öffentlichkeit zu unwürdigen Auftritten gekommen und von daher äußerst schwierig, die verfeindeten Parteien an einen Tisch zu bringen.

Sander hielt mir zur Einstimmung die Verantwortungslosigkeit meiner »leichtsinnig losgetretenen Debatte« vor. Sie verzerre die Grundzüge seiner Lehrauffassung. Einige der von mir zitierten Aussprüche seien lediglich der Abstimmungsmehrheit in seinem Familienrund geschuldet, er dagegen … blablabla, das kennen wir. Als Ablenkungsmanöver wurde Sanders Hinweis eingestuft, seine Gattin nutze Pfannen – gleich welcher Beschichtung – zur Thematisierung familiärer Unterstellungsverhältnisse. Die Verhandlungsteilnehmer nahmen ihre Abreisedrohungen erst zurück, als es ihm unter tosendem Beifall aller Anwesenden gelungen war, die würdelosen Aspekte der ausschließlich bei niederen Lebensformen endemischen Edelstahlpfannen pantomimisch herauszuarbeiten.

Zu nachgerade tumultartigen Szenen kam es, als der Gastredner Frank Schäfer seine in der Pilzbratforschung mehr als umstrittenen Thesen zu Gehör brachte, die auf der leichtfertigen Gleichsetzung aller Sorten Pilze fußte. Dieser gewissenlose Profilierungsversuch auf Kosten der Sachlichkeit ging verdientermaßen in den Sprechchören einer aufgebrachten Menge Mischpilzgegner unter und mußte von den Veranstaltern abgebrochen werden. Schäfer und seine Braunschweiger Claqueure luden im Anschluß an die Ausführungen zu einem Probeessen, das aber außer sensorischen Willkürakten nichts zu bieten hatte und daher im Interesse ihrer eigenen Sicherheit nur weiträumig abgesperrt stattfinden konnte.

Breiten Zustroms erfreute sich wider Erwarten das Speckseminar. Aus allen OMEC[1]-Staaten der Welt waren kurzfristig Kenner angereist, um das zweitägige Referat (mit nur zwei Pinkelpausen) von Jürgen »The Long« Roth

1 Organization of Mushroom Exporting Countries

zur Problematik, ob Theodor W. Adorno Schinkenspeck an seinen Pilzgerichten geduldet habe (mit einer geschickten Akzentverschiebung auf die Cateringgewohnheiten Ritchie Blackmores), in der aus allen Nähten platzenden Bahnhofsmission zu erleben. Seine Ausführungen waren glücklicherweise so konzipiert, daß er den völlig zerstrittenen Konferenzteilnehmern knapp vor ihrer Abreise die Zusammenfassung in den Laptop diktieren konnte. Doch noch am Bahnsteig war die Gefahr nicht gebannt, daß sich die sauberen Damen und Herren Mischpilzfreunde in eindeutiger Verletzungsabsicht mit gefrorenen Mischpilzen und Roths Redemanuskripten bewarfen.

Die Sicherheitskräfte hatten alle Hände voll zu tun. Herr Sander mußte sogar in den Reclam Verlag Leipzig eingeliefert werden.

Zurück bleibt ein Scherbenhaufen. Das hat man nun von seiner Gesprächsbereitschaft. Am Schluß unserer Presseerklärung ist eindeutig festzuhalten: monotypische Pilzgerichte unbedingt! Piri-Piri meinetwegen! Wenn Majoran, dann aber auch Kümmel.

Wo soll das sonst hinführen!

III

Irgendwann war der Punkt erreicht, an dem es in bestimmten Kreisen des Diskurstourismus als nicht mehr zeitgemäß empfunden wurde, über Pilzgerichte und die dazu passenden Pfannen zu diskutieren. So schnellebig ist unsere Zeit. Zeit war es aber auch, endlich einmal zurückzulehnen und nüchtern Bilanz zu ziehen. Was brockt man sich ein, wenn man dieses heikle Thema anschneidet, welche Tabus werden gebrochen, welche Strukturen aufgebrochen und überhaupt.

Etwas hatten Herr »Piri-Piri« Sander und ich trotz aller Kontroversen bemerkt: Wir waren uns im Lauf der Debatte, beim harten Diskutieren ohne Scheuklappen und Vorurteile ein gutes Stück (weit) nähergekommen. Wer kann das heutzutage nach einem öffentlich ausgetragenen Streit noch behaupten? Ja, man ginge nicht fehl zu behaupten, daß es die drohende Eskalation der Diskussion war, die ratzbatz die Vernunft auf den Plan rief.

Herr Sander, also der Bert, lud mich herzlich zum Braten ein. Mit gemischten Gefühlen nahm ich die Einladung an. Doch der Abend war überstrahlt von der Wärme gegenseitiger Achtung. Bert war ein Fels der Gastfreundlich- und Liebenswürdigkeit. Ich hatte meine Bio-Eisenpfanne mitgebracht und zeigte sie stolz vor. Dann brieten wir um die Wette, seine Familie kam kaum mit dem Pilzeputzen nach, und es mußten eilends mehrere Passanten von der Straße verpflichtet werden. Die Ergebnisse konnten sich sehen lassen, ob nun gebratene Große Schmierlinge oder gedünstete Goldgelbe Lärchenröhrlinge *(Suillus grevillei)* – streng separiert, versteht sich.

Weinend vor Freude lagen wir uns in den Armen.

Anschließend schmökerten wir kichernd in seiner Mischpilz-Pressemappe, die er mit »schrägen« Kommentaren versehen hatte. Wir spielten Großes Schmierling-Synonymraten: Kuhmaul, Schmieriger Gelbfuß, Großer Gelbfuß, Rosenroter Gelbfuß und so weiter und so weiter. Was für einen Butterpilz *(Suillus luteus)* mit hellblaugrauen Lamellen könnte er abgeben! Mit chromgelbem Fuß. Hutfarbe und Beschichtung identisch. Der Geschmack dezent süßsäuerlich. Dabei kam wie zufällig zur Sprache, daß er Große Schmierlinge solo bevorzuge. Ohne nix. Also keine Kartoffeln, kein Rühr-, kein Spiegelei, keine Bratwurst dazu. Bravo! Was für ein Mann!

Ich hörte ganz nebenbei das erste Mal in meinem Leben Randy Newman; Bert schloß Bekanntschaft mit den nicht weniger uninteressanten Yeastie Girls. Wir mochten uns. Die Eindrücke des aus heutiger Sicht immer lächerlicher anmutenden Streits haben wir noch lange im persönlichen Gespräch vertieft. Wir plauderten von den Vorzügen gestrickter Pfannenschoner, kritisierten die Weltübel schonungslos in ihrer ganzen Bandbreite, sprachen von unbekleideten Damen und naschten tonnenweise Piri-Piri. – Es wurde manches Pils getrunken, und es ist dann ziemlich spät geworden beziehungsweise ziemlich früh.

In aller Herrgottsfrühe ging ich so weit, meinen irgendwann mal zu erwartenden Erstgeborenen Piri-Piri taufen zu wollen. Taufen, jawohl! Wer lacht da?! Zwei Telefonate genügten, und der Meisterzeichner Eugen Egner malte dieses Idyll auf Zuruf und in Öl, und Gerhard Henschel wollte in Windeseile einen glänzenden Kurzroman darüber schreiben, er müsse vorher nur fix noch mal aufs Klo. Beides, Gemälde und Roman, soll ja schon morgen erscheinen.

Was will man mehr?

Schwarze Diamanten

Ein Gastbeitrag von Vincent Klink

Trüffel

Tuber

Als Kochlehrling, lange bevor ich einen Trüffel zu Gesicht bekam, ahnte ich schon heftig, daß diese Pilze etwas Besonderes sein müßten. Als argloser Bub vom Land brauchte ich eine ganze Weile, bis ich dahinterkam, daß mein Küchenchef, den man sich durchaus als Küchenbullen vorstellen darf, die Dinger meinte, die er in der Hose trug. Von wirklichen Trüffeln hatte auch er keine Ahnung. Es kursierten nur Legenden, und die echten Erddiamanten blieben für mich lange Jahre bestenfalls Vision. Eine Annäherung erlebte ich im Umgang mit schwarzem Speisegummi, als ich in der Kalten Küche mein Unwesen trieb. Kaltarbeiter, in der französischen Fachsprache Gardemangers genannt, sind in der feinen Küche für Schauplatten, Hummersalate, Krebstürme und Pasteten verantwortlich. Die dafür verwendete Garniermasse war in veritabel aufgemotzten Döschen abgepackt. Der Gummitrüffel war Trüffelersatz, den man zu tollsten Mustern ausschneiden konnte. Dieser optische Scheiß kann heute auf Gastronomieleistungsschauen noch immer bewundert werden.

Mein erster echter Trüffel kam als große Woge über mich, als ich mit meinem ersten verdienten Geld zu Bocuse ins Lyonnais fuhr. Die Herren Ober beachteten mich weiter nicht, denn man sah mir den deutschen Bauerntölpel schon von weitem an. Die Routiniers im Frack vermuteten zu Recht, daß ich keine Ahnung von den hier üblichen Trinkgeldern hätte. So bemerkten sie auch nicht meinen Drehschwindel, hervorgerufen durch das vorsichtige Lüpfen der Blätterteighaube, die eine Löwenkopfterrine mit Trüffelsuppe behütete: Ein olfaktorischer Orkan, der mich fast um den Verstand brachte, bohrte sich in meine

Nase. Übertreibe ich? Eigentlich nicht, eher umgekehrt, denn bis heute hat sich die Wucht dieses Erlebnisses in meinen Ganglien festgefressen.

Aus diesem Grund gehöre ich auch zur fanatischen Fraktion derer, die von Trüffeln phantasieren und immer den Schwarzen Perigordtrüffel meinen. In Deutschland – Italophilie ist seit Jahrhunderten in großer Mode – begeistern sich mittlerweile Unzählige für Trüffeln, was auch mit allgemeinem Wohlstand zusammenhängt. Viele Jungtrüffelianer meinen aber immer den Weißen Trüffel, der im Spätherbst in jedem besseren Ristorante zwischen Konstanz und Monstranz über Nudeln und sonstiges italienisches Allerlei gehobelt wird. Ganz klar, er duftet herrlich, dieser *Tuber magnatum*, wenn es einer ist. Sein Name kommt nicht von ungefähr, denn er kann pfundschwer werden und ist auf alle Fälle ein Magnat strengen Wohlgeruchs. Doch riechen nicht alle Weißen Trüffeln gleich stark. Je größer diese cremefarbene Knolle, um so besser. Aber auch der Reifezustand ist nicht ohne Belang. Ein Teil davon geht auf dem Transport nach Deutschland verlustig. Großzügig verströmt er gleich nach dem Ausbuddeln sein Aroma. Was strömt, das versiegt auch irgendwann einmal. Daher sind die oft vierzehn Tage alten Pilze in deutschen Restaurants nur noch auf halbem Speed. Im Piemont, tagesfrisch, sind die Dinger gefürchtet und in öffentlichen Verkehrsmitteln nicht geduldet, denn Busfahrer, Kondukteur et al könnten dem Wahnsinn verfallen.

Trüffeln gedeihen im Dunklen – es gibt ungefähr dreißig verschiedene Varietäten, bis hin zu den kartoffelriechenden Furunkeln des Weserberglandes *(Choiromyces maeandriformis)*. Nicht nur diese Placebos, alle Trüffelknollen gedeihen unter der Erdoberfläche. Hören können sie nicht, obwohl manchmal ohrenähnliche Extremitäten aus der Wonnekugel treiben, die bis zu einem Meter tief im kalkhaltigen Boden rumort. Die Römer nannten sie Knolle, also Tuber. Eine nichtswürdige Bezeichnung. Wenn der Pilz auf den Namen *Tuber melanosperum* hört, kann er sich über diese Blasphemie sogar schwarz ärgern. Das tut er bevor-

Amethystblauer
Lacktrichterling

Austernseitling

Bereifter Röhrling

Birkenpilz

Butterpilz

Dickschaliger Kartoffelbovist
+ Schmarotzender Röhrling

Edelreizker

Elfenbeinröhrling

Faltentintling

Filziger Milchling

Flaschenstäubling

Frauentäubling

Frühlingsweichritterling

Goldgelber
Lärchenröhrling

Großer Schmierling

Grüngefelderter Täubling

Grünling

Hallimasch

Herbstlorchel

Herbsttrompete

Judasohr

Kaiserling

Krause Glucke

Mairitterling

Maronenröhrling

Nelkenschwindling

Orangeroter Becherling

Parasol

Perlpilz

Pfifferling

Riesenbovist

Riesenträuschling

Rotfußröhrlinge

Rotkappe

Samtfußrübling

Sandröhrling

Scheidenstreifling

Schopftintling

Schuppiger Porling

Semmelstoppelpilz

Shiitake

Sommertrüffel

Spitzmorchel

Steinpilz

Stinkmorchel + Hexenei

Stockschwämmchen

Violetter
Rötelritterling

Weißer Anisegerling

zugt in der Provence, der Gegend um Perigord und in Umbrien um die Trüffelkapitale Norcia.

Der Weiße Trüffel dagegen heißt *Tuber magnatum pico* (Oktober–Dezember). Diese Bezeichnung sollte man sich angewöhnen, denn es gibt noch den völlig harmlosen, gleich aussehenden Frühlingstrüffel, den Bianchetti *(Tuber albidum)* (Januar–März). Der Magnatum also wächst auf ton- und kalkhaltigen Böden im Piemontesischen, in der Gegend um Monferrato und Alba. Bemerkenswert ist, daß dieses Terroir reichlich Silizium aufweist. Außerdem schmarotzt er am Wurzelwerk von Pappel, Linde und Weide. Eichentrüffeln sind jedoch die edelsten. Sie haben fast dunkelbraune Färbung und höheres spezifisches Gewicht und lieben kompakte, trockene Böden. Wie alle Trüffeln sind sie keineswegs eine Knolle, sondern ein eng gewickelter dünner Schlauch, meterlang, gefüllt mit Sporen. Er hätte es schwer, sich als Leptosom der längelang unsichtbar zu machen. Also bevorzugt er es, sich selber zu umarmen und zu einem festgefügten Knäuel zu vermengen. Er riecht derart betörend, daß die Sau glaubt, der Eber wäre über ihr. Den Hunden geht es genauso, deshalb sind nur Hündinnen im Einsatz. Dieser mysteriöse Duft wurde vom Gastrophilosophen Brillat Savarin folgendermaßen beschrieben: »Wer Trüffel sagt, spricht ein Wort aus, das bei dem Geschlecht, welches Röcke trägt, erotische und feinschmeckerische Gefühle erregt, und bei dem Geschlecht, welches Bärte trägt, erotische Erinnerungen lebendig macht.«

Trüffeln kosten viel Geld, und wo es ums Geld geht, da ist auch der Schmu nicht weit. Es sei laut und lang geklagt: Mit den sogenannten Gas-Chromatographen konnte man alle diese herrlichen Duftkomponenten analysieren. Und seitdem dies gelang, wird in den Gourmetküchen das künstliche Trüffelöl über die Edelspeisen gekippt. Meist ahnen die Köche nicht einmal, daß sich im Ölfläschchen der Beschiß gefangenhält und nur darauf wartet, bis Unwissende den Flakon entkorken. Aus China kommen seitdem in rauhen Mengen weiße »Tuber Nullschmeck«, die mit dem künstlichen Trüffelöl geimpft werden und zur dummen Freude vieler Gourmets beitragen.

Placebos können sehr hilfreich sein, wir wissen es. Wenn sie nur nicht so teuer wären. Oder gerade deshalb? Im letzten Herbst gedieh der Preis für Weiße Trüffeln auf über siebentausend Mark je Kilo. Klar, daß Trüffeln ein Mysterium sind, schlimm aber, daß sie dadurch auch zum Statussymbol verkommen sind. Eine der schlimmsten Strafen wäre für mich, im Spätherbst ins Piemont reisen zu müssen, um mich unter die idiotisierten Ferrarifahrer aus Mailand und die unerträglichen Aficionados aus Germanien zu mischen. Gute piemontesische Köche graust es ebenso. Deshalb werden Neu- bzw. Portemonnaie-Gourmets kräftig geschröpft, damit die dortige Gastronomie doch noch ihre Freude an diesen Heinis hat.

Der italophile Wahnsinn und natürlich meine Trüffelinitialzündung bei Bocuse trieben mich immer wieder dem Perigordtrüffel zu. Das Kilo zu maximal tausend Mark. Auch nicht gerade ein Schnäppchen, aber das Hantieren mit dem *Tuber melanosporum* ist hundertprozentig amateurfrei und von Kennerschaft umgeben. Von außen sehen die Dinger ungefähr genauso aus wie die hochempfindlichen Organe, die sie finden – wie schwarz glänzende, porige Hundeschnauzen. Schneidet man sie durch, kommt die Wahrheit an den Tag. Echter Schwarzer Trüffel ist nicht nur außen, sondern auch innen schwarz und durchzogen mit hellweißen Fäden.

Hellflächiges Innenleben kommt höchstens bei unreifen Trüffeln vor. Immer hellbraun unter der schwarzen Schale sind Sommertrüffeln (*Tuber aestivum*, Mai–November). In gekochtem Zustand werden diese kulinarischen Irrläufer dunkelbraun, doch niemals tiefschwarz wie der Perigordtrüffel.

Der läßt sich auch nicht so einfach roh auf Nudeln hobeln. Dies geschieht zwar immer häufiger, ist aber vollkommen idiotisch, und man weiß dann gleich, daß der Koch »sein Sach« nicht gelernt hat. Redet man in Frankreich von Trüffeln, so ist stets der Schwarze gemeint. Schon der übliche französische Chauvinismus gebietet, sich über den Albatrüffel auszuschweigen. In der Tat treffen verschiedene Küchenwelten aufeinander. Italien ist, grob besehen, das Land ohne Saucen. Die französische Küche wird jedoch vom Saucenkoch beherrscht. Er ist der höchstbezahlte in der Brigade. Zwar kann man Schwarze Trüffeln beispielsweise in Blätterteig einbacken oder in der Glut schwiemelnder Holzasche garen. Feinste Verbindungen geht er aber mit dunklen Saucen ein. Er verströmt keinen leichten Duft, sondern Fülle und dunkle Schwere, die sich bevorzugt mit rotem Fleisch steigert. Sehr liebe ich ihn, unter die Brusthaut geschoben, als Korsage für Taubenbrüstchen oder als mystisches Feuer für Wild, Rindfleisch und dunkelfleischige Perlhühner.

Der »Schwarze Diamant« erfordert Kochkunst – mit ihm ist man zwangsweise unter Profis. Das macht auch sein Mysterium aus, und das trennt auch häufig den Hobbykoch vom Berufskoch. Wer mit dem Perigordtrüffel nicht umgehen kann, der wird ihn nie verstehen.

Unser Allergrößter

Hallimasch

Armillaria ostoyae

In der Zeit, wo alles die deutsche Teilung feiert oder sich auf Frankfurter Buchmesse-Empfängen aushalten läßt, gewinnen die Lebensstrategien des Hallimasch an sichtbarer Gestalt. Wie eine gefrorene Explosion stemmen sich honig- bis bärenbraune Ständerpilze mit rosa Reflexen und fingernagelfarbenen Lamellen büschelweise aus Holzstümpfen und offenliegenden Wurzeln, als wenn es Medaillen dafür gäbe. Die spermatisch duftenden Hüte amtieren wie gebackene Blumenkohle, anfangs unten weiß verpuppt. Cremigfest, wie aus der Sahnespitze, schlängeln und winden sich die Stiele empor und achten darauf, daß ihre Hütchen einheitlich mit Schokosprenkeln beträufelt sind. Man könnte sie sonst nicht mit dem Sparrigen Schüppling *(Pholiota squarrosa)* verwechseln. Der Vollständigkeit halber hängt meist ein kleineres, über seiner Einsamkeit am Zweig braun gewordenes Blatt zum Trocknen am Hutrand.

Und noch was: Dem zwischen Baum und Borke erscheinenden weißen Pilzgeflecht wird nachgesagt, daß es in Dunkelheit zu phosphoreszieren beginne. Aber wer begibt sich schon gern in den umnachteten Wald, um diese Sache zu überprüfen?

Es kann höchstens passieren, daß Forstwissenschaftler, wie im Jahr 2000 in den USA, einem rätselhaften Baumsterben auf der Spur sind und als Verursacher einem Riesenhallimasch auf die Schliche kommen. Die Beweislast ist erdrückend. Auf neun Quadratkilometern östlich der Stadt Prairie City/Oregon herrscht nämlich nur einer. Und zwar ein Hallimasch, dessen Alter zunächst vorsichtig auf zweitausendvierhundert Jahre und dessen Lebendgewicht noch vorsichtiger auf sechshundert Tonnen geschätzt wird. Blauwal, Saurier, Amöbe und Elefant können da nur staunen.

Seine exorbitante Größe erklären die Forscher mit dem trockenen Klima in Oregon. Nur äußerst selten fruktifiziere der Super-Hallimasch und könne sich daher, von eigenen Nachkommen unbehelligt, immer weiter ausbreiten.

Wie viele im verborgenen Wirkenden macht er wenig Wesens aus sich. Wäre seine unbezähmbare Inklination für die Schmackhaftigkeit der Tannen und Douglasien nicht, die Menschen würden ihm nie auf die Spur gekommen sein. Alle Jubeljahre höchstens packt den Jubilaren der Übermut, dann schiebt er sein Triumphgemüse durch die Holzfasern ans Licht und formt Pilzrunen: Hallimasch was here.

Auf seinen Geschmack sind Forscher wie Sammler kaum scharf: Er sei keine Delikatesse, heißt es unisono. Das ist natürlich grober Unfug. Denn liebevoll gebraten und mit einem roten Küchenwein abgelöscht, ist er eben doch eine, und mit viel Pfeffer dran schmeckt er besonders scharf. Vielleicht liegt es daran, daß man Pilzen ausgeprägten Eigengeschmack übelnimmt.

Übel nimmt man ihm auch seine Eigenschaft als Saprophyt. Seine brunierten Fühler mit der weißen Füllung katakombisieren das Erdreich und peilen wohlschmekkende Baumwurzeln an, balancieren an ihnen empor und testen den restlichen Baum auf seinen Speisewert. Meistens sind es Nadelbäume: Kiefern, Fichten, Tannen. Oder Obstbäume im Garten. Sie können in voller Blüte stehen oder tot sein – Hallimasche machen da keinen Unterschied. Forstwissenschaftler schon. Nutzholz wegknabbern, das mögen sie nämlich nicht. Als intelligenter Waldmülltrenner (faules Totholz in sich entsorgen, überflüssigen Moder defigurieren) indirekt für die Verjüngung des Baumbestandes sorgen, das schon. Aber eben nur in Maßen. Aus diesem Grund tischen sie dem Koloß von Oregon jetzt Lärchen und Gelbkiefern auf, die er garantiert nicht mag. Überall müssen sie der Natur ins Handwerk pfuschen. Wenn sie die Zeit dazu hätten, sie würden ihm Kunststücke andressieren und Eintritt verlangen.

Dieser Bursche aus den Blue Mountains ist allerdings nur das jüngste Beispiel einer ganzen Reihe anderer Riesen-

Hallimasche, die bisher entdeckt wurden, jedoch nicht so stolze Daten aufzuweisen hatten. Am Ende stellt sich heraus, daß unsere blaue Kugel nicht von der Gravitation oder dem zivilisatorischen Grundgedanken, sondern vielleicht nur von Hallimasch-Rhizomorphen zusammengehalten wird.

Wer weiß, ob nicht der Pilz aus Oregon mit seinem Leuchtmycel heimlich Lichtsignale ins Universum blinkt. Ein Hilferuf: Holt mich bloß hier raus! Sie wollen mich auf Diät setzen!

Eines aber ist bombensicher: Er ist absolut der Größte – bis sie einen noch Größeren gefunden haben.

Bastelanleitung

Wäßriger Egerling

Agaricus aquosus

Der Zuchtchampignon ist kein eigentlicher Pilz, aber täuschend echt nachgemacht. Neuesten Erkenntnissen zufolge handelt es sich bei dieser Art um einen der gefährlichsten, seltsamerweise gummiartigen Aggregatzustände von Leitungswasser. Der Name sagt es bereits. Sie finden ihn selten in der freien Natur, eigentlich nirgends, aber das brauchen Sie auch gar nicht.

Das einzige, was Sie zur Champignonpirsch benötigen, sind ein Zehnmarkschein und vielleicht ein stoßsicheres Behältnis. Mit der größten Aufenthaltswahrscheinlichkeit dieser Art ist im nächsten Supermarkt oder Gemüsemarkt zu rechnen. Auf dem Gemüsemarkt erhalten Sie ihn »roh«, also relativ unbearbeitet. Er wächst da aus so Papp- oder Plastikkisten heraus und kostet je nach Landstrich soundsoviel Geld. Daher die zehn Mark.

Im Supermarkt schießt er meist in der Gemüseabteilung aus allen Ecken empor – er liebt nasses bis feuchtes Milieu und lungert dann eingeschrumpft (Vierhundertgramm-Packungen mit holländischer Schrift) oder als größere Ausführung lose herum. Meist bei den Zwiebeln und den Kartoffeln. Seit den späten Siebzigern hat er sich zu einer wahren Plage entwickelt. Sie können ihn niemals verfehlen. Er ist allüberall. Ganze Heerscharen wuchern in Gläsern heran. Erster bis dritter Wahl, ganz, wahllos in Scheiben, stückig oder sauer mariniert. Hinten, bei den Gewürzen, gedeiht er »getrocknet« in Tüten, und im Feinkostregal wachsen Zuchtchampignons frech als Zutat in irgendwelche Salate und Dressings hinein. An der Käsetheke wird vor allem bei Schmelzkäsekreationen durch Champignonbeigabe der Wasseranteil verdeckt erhöht. Ungeniert befällt er zudem Fertigpackungen für Nudelgerichte, Pizzas, Baguettes, Fischfiletblöcke und so weiter. Tiefgekühlt mischt er sich beutelweise und nur scheinbar harmlos unters Feinfrostgemüse. Sogar zwischen den Achselhöhlen mancher fest angestellten Supermarktverkäuferin entfaltet er neuerdings stattliche Fruchtkörper.

Er gilt als besonders anpassungsfähig. So kann er in ihm feindlich gesonnenen Regionen auch als sogenannter Steinpilzchampignon endemisch werden. Die Bezeichnung ist natürlich großer Quatsch und wirkt um so lächerlicher, wenn die kritische Öffentlichkeit erfährt, daß er sich dafür nur eine hellbraune Plane über den Hut gezogen hat.

Wenn Sie den Erreger nicht aus Versehen selber mit heimschleppen, können Sie Wäßrige Egerlinge selbstverständlich auch »züchten«. Das ist kinderleicht. Als Zutaten benötigen Sie jede Menge H_2O, ausreichend Leitungswasser und viel, viel Feuchtigkeit. Insgesamt einen Liter. Dies lassen Sie von der in allen Fachgeschäften angebotenen Grundmasse – eine Art weißer Schaumstoff aus Taiwan – aufsaugen. Für den ersten Versuch genügen fünf Gramm. Das Aufquellen dauert nicht lange – einzwei Stunden. Kleiner Tip: Die Masse pürieren und in die überall erhältlichen Formen gießen. Kurz stocken lassen. Fertig. Oder Sie schnitzen nach Belieben selber Pilzformen daraus, große, kleine, wie Sie wollen. Ihrer Fantasie sind keine Grenzen gesetzt. Freunde des Steinpilzchampignons können mit braunem Filzer zusätzlich Weinlaubmuster oder codierte Anzüglichkeiten auf den Hut kritzeln. Nicht vergessen: Am Ende werden die Lamellen angeklebt, die Sie in jedem Bastlerbedarf kaufen können. Es gehen auch Schokosplitter oder alter Fensterlack (rosabraun). Mit dem Fön trocknen. Feucht und dunkel aufbewahren.

Holland
[redacted]
Kultur-Champignons
aus Deutschland oder Holland,
Klasse I, 400 g Schale
2.49
€ = 1.27
1000 g = 6.25 DM

[redacted]
Champignons
III. Wahl - geschnitten
[redacted]
Champignons
3 Wahl geschnitten,
850 ml Dose =
460 g Abtropfgewicht
1.99
€ = 1.02
Abtropfgewicht = 1000 g = 4.33 DM

Die herrlichsten Augenblicke

Ein Interview mit Rudolf Natter von der Pilzzucht Adelhorn in Drentwede

Shiitake

Lentinus edodes

Herr Natter, wie züchtet man Shiitake-Pilze?
Das Substrat besteht zu neunzig Prozent aus Sägemehl verschiedener Körnungen sowie bioangebautem Maismehl und Wasser. Es wird sterilisiert und beimpft. Wichtig ist, daß keine Fremdpilze in das Substrat kommen, bevor es vom Shiitake besiedelt wird. Nach einer Durchwachsphase von zirka zwölf Wochen kann das Substrat in den Kulturräumen aufgestellt werden. Nach einer weiteren Woche kommen die ersten Pilze. Marzipankartoffelbraune Hüte mit helleren eingewachsenen eckigen Schuppen, manchmal auch radialen Rissen, die engen Lamellen mit gewellter, gezahnter Scheide wie handgeschöpftes Büttenpapier, die Stiele zäh und holzig. Wahre Prachtexemplare – die pure Freude. Pilze sind ja ganz eigene Kreaturen – das unterscheidet den Pilzzüchter auch vom Gärtner.

Wie sieht denn so ein mit purer Freude gesegneter Tagesablauf aus? Achtundvierzig-Stunden-Tag? Immerhin waren Sie der einzige von bestimmt drei Millionen Züchtern, der Zeit erübrigen konnte, auf meine Mailanfrage zu antworten.
Der Ablauf ist nicht gerade einfach zu beschreiben, da er sich je nach Tag und Erntemenge unterscheidet. Herr Willemsen ist für den technischen Bereich (Belüftung, Befeuchtung) zuständig, während ich Werbung, die Vermarktung der Trockenprodukte, Verpackung und Buchhaltung übernommen habe. Den Verkauf der Frischpilze sowie die Ernte, das Abpacken und den Versand teilen wir uns.

Morgens sehen wir als erstes nach, wieviel Pilze zu ernten sind, und prüfen die Qualität. Dann werden die Bestellungen abgepackt und zum Kunden oder zum Versand gebracht. Dienstags wird neues Substrat aufgestellt, und donnerstags werden die Substratblöcke für die zweite und dritte Welle getaucht.

»Getaucht« bedeutet das rundum Befeuchten der Substratblöcke?
Richtig. Das Tauchen bezieht sich in erster Linie auf die Substrate, jedoch auch die Hölzer müssen vor dem Beimpfen gewässert werden. Das Wässern gibt dem Pilz jedesmal einen Wachstumsschub. Die Asiaten klopfen mit einem Hammer auf die Hölzer, um diesen auszulösen.

Stellen Sie das Substrat selber her?
Noch nicht. Wir sind zwar mit einem anderen Biobetrieb an der Entwicklung und Optimierung von Substrat beteiligt, die eigene Produktion werden wir jedoch erst im nächsten Jahr aufnehmen. Das Verfahren ist sehr aufwendig, da wir als Biobetrieb keine Fungizide einsetzen dürfen (und natürlich auch nicht wollen).

Gut. Das wäre geklärt. Wie geht's weiter?
Die Räume müssen regelmäßig gereinigt werden. Einmal pro Woche machen wir die Kunststoffkisten (momentan hundert Stück) für die Pilze sauber. Oft kommen Freunde und Bekannte zu Besuch und inzwischen auch regelmäßig Kundschaft, die direkt ab Hof kaufen. Fast alle wollen bei der Gelegenheit sehen, wie die Pilze wachsen. Wir haben auch jeden Monat Gruppen (bis zu fünfzig Personen), mit denen wir Führungen machen. Besprechungen zwecks Verbesserung der Klimaführung und die Weiterbildung durch Bücher und Internet stehen an, die Renovierung der restlichen Gebäude nicht zu vergessen. Herr Willemsen unternimmt auch immer wieder Exkursionen in den Wald, um Pilze zu sammeln und zu bestimmen.

Wie kommt man eigentlich auf die glorreiche Idee, eine Pilzzucht aufzubauen, noch dazu mit Shiitake, einem für mitteleuropäische Gaumen eher ungewöhnlichen Pilz?
Ich war in den letzten fünfzehn Jahren im Musikbereich/Agentur-Management tätig. Die letzten drei Jahre davon hatte ich eine Handelsagentur für Werbeartikel und versuchte, die Unternehmen zu überzeugen, ihre Werbeartikel nach ökologischen Kriterien zu ordern. Leider war die Resonanz eher bescheiden. Im Winter 97/98 beschloß ich, meine Tätigkeit mehr in Richtung Naturwaren/Naturkost zu verlagern. Damals riet mir mein Arzt auch, ich müßte sofort eine Diät beginnen – speziell die Cholesterinwerte seien alarmierend.

Zur gleichen Zeit hatte ein Freund (mein heutiger Partner, Holger Willemsen) von mir einen Hof gekauft. Er benötigte Holz für seine Küchenhexe, und da ich bei meinem Haus einen Wald bewirtschafte, jedoch die anfallende Brennholzmenge für meinen Bedarf zu groß war, fragte ich ihn, ob wir das Holz nicht gemeinsam verarbeiten wollten. Wir haben dann drei Wochen im Wald gearbeitet, und als ich ihm von meinen Cholesterinwerten erzählte, meinte er, ich sollte Shiitake essen. Also versuchte ich, auf den Märkten frische Shiitake zu bekommen. Leider war dies nicht so einfach, daher meinte Herr Willemsen, wir könnten auf den gefällten Eichenstämmen selber welche anbauen.

Auf dem Hof, den Herr Willemsen gekauft hatte, standen zirka tausend Quadratmeter ehemalige Stallungen und Scheunen leer. Die waren jedoch seit Jahren nicht mehr benutzt worden und auch in dementsprechendem Zustand. Als nächstes fuhr ich auf die Biofach (Messe für die Naturkosthersteller/-händler). Die meisten Hersteller kannten zwar den Pilz, hatten auch versucht, ihn in die Lebensmittelproduktion aufzunehmen, waren jedoch an der Qualität des Angebots gescheitert. Das war der letzte Anstoß zur Gründung unserer Pilzzucht.

Los ging es mit der Renovierung der Gebäude. Monatelang Dreck und Schweiß, fast die gesamten Arbeiten als Eigenleistung. Alle Dachflächen mußten erneuert werden, dabei haben alle Freunde ihre Wochenenden geopfert. Inzwischen ist ungefähr die Hälfte der Gebäude fertig. Darin haben wir sechs Kultur-, zwei Kühl-, einen Pack- und mehrere Lagerräume eingerichtet.

In der Zwischenzeit hatten wir zirka hundert Stämme mit Mycel beimpft. Der Nachteil dabei ist die lange Wartezeit bis zur Ernte. Ein Eichenstamm trägt erst nach eineinhalb bis zwei Jahren die ersten Pilze. Deshalb entschieden wir uns lieber für das Substrat. So hat es angefangen.

Das Pilzfieber hatte mich gepackt, und ich versuchte, über alle möglichen Quellen an Informationen zu kommen. Dabei entdeckte ich, daß der Shiitake noch ganz andere positive Wirkungen auf die Gesundheit hat.

Die da wären:

Das Besondere sind die Polysaccharide mit antitumoraler und antiviraler Wirkung. Der Hauptinhaltsstoff ist das Lentinan. Es bewirkt eine Stärkung des Immunsystems durch eine verstärkte Bildung von Interferon (wird benötigt, um zum Beispiel Grippeviren abzutöten, durch die Aktivierung des Abwehrsystems kann auch das Tumorwachstum gehemmt werden). Lentinan ist in Japan bereits für die Behandlung von Magenkrebs zugelassen, es wird aber auch in der Chemotherapie eingesetzt, um die Nebenwirkungen günstig zu beeinflussen. Allerdings sollte der Shiitake vor der Erkrankung gegessen werden, um diese gar nicht erst entstehen zu lassen.

Und wen beliefern Sie da? Wochen-/Supermärkte? Restaurants?

Wir haben einen ziemlich breit gestreuten Kundenkreis. Zu diesem zählen die Kunden, die zu uns auf den Hof kommen, der Naturkosthandel, einige Naturkostgeschäfte und Hofläden (Bio und konventionell). Dazu kommen die Edeka-Geschäfte in den Nachbarorten, verschiedene Markthändler und last but not least die Gastronomie. Einige Restaurants beliefern wir selber, aber wir haben auch einen Frischdienst als Kunden, der hundertzwanzig Restaurants beliefert.

Sie sagten, Sie verschicken? Wie entwickelt sich das mengenmäßig?
Es gibt einige Restaurants, die jede Woche Pilze per Post bekommen (bei frisch geernteten Pilzen und einer Lieferung per Post innerhalb von vierundzwanzig Stunden absolut problemlos; vom Herbst bis Frühjahr, wenn die Außentemperaturen nicht mehr allzu hoch sind, kann der Shiitake auch drei Tage unterwegs sein), und einige Privatleute (momentan zehn), die jede Woche, alle vierzehn Tage oder einmal im Monat zwischen einem und zwei Kilo Shiitake per Post erhalten.

Bei so einer innigen Beziehung zum Pilz haben Sie sicher einige Rezepte für Shiitake auf Lager?
Unser Lieblingsrestaurant bietet zum Beispiel an: Pilz-Tempura vom Shiitake und Igelstachelbart *(Hericium erinaceum)* mit wildem Spargel, Rucola und Löwenzahn; Bad Zwischenahner Aal, gebraten, mit Shiitake im Reisblatt gebacken, auf Frühlingslauch mit Koriander-Rauchaalsauce und Polentanockerln; Petersilien-Schalottensuppe mit Tofu-Shiitake-Pilzragout. Der Küchenchef serviert sogar manchmal Shiitake-Eis, eingebunden in eine Vorspeise. Sehr interessante Kombination von Nuß und Vanille, und erst am Schluß kommt der Shiitake-Geschmack zum Tragen.

Shiitake-Eis – das ist wirklich mal was Originelles.
Stimmt. Aber eines meiner Lieblingsrezepte ist und bleibt panierter Shiitake (Ei, Gewürze, Kräuter, Paniermehl), in der Friteuse ausgebacken.

Ich greife nach wie vor auf getrocknete Ware zurück, weil die (bei uns angebotenen) frischen Shiitake von der Menge kaum ausreichend sind und, nun ja, ziemlich stolze Preise haben. Sind die Getrockneten gänzlich Fernost-Importware?
Im Moment gibt es wahrscheinlich nur Fernost-Importware, auch in den Reformhäusern und im Naturkosthandel.

Wir bieten zwar getrocknete Pilze an, über einen Naturkostversand oder direkt bei uns ab Hof. Allerdings trocknen wir noch nicht genug (wir haben manchmal schon Probleme, die Nachfrage nach frischen Pilzen zu decken), um den Großhandel zu beliefern. Demnächst werden wir unsere Internetseite fertigstellen. Dort wollen wir neben frischen auch getrocknete Pilze sowie Pulver (zum Verfeinern von Suppen und Saucen) und diverse Literatur anbieten.

Klingt doch alles vielversprechend.
Es sieht mehr als gut aus. Im März, April und Mai dieses Jahres [2000; d. V.] hatten wir Wochenproduktionen von drei- bis vierhundert Kilogramm. Dies hieß zwar oft bis nachts um zwölf ernten und verpacken. Dabei haben alle Ehefrauen, Kinder und Freunde mitgeholfen. Aber es sind schon die herrlichsten Augenblicke, wenn wir die Ernteräume betreten und sehen, daß wieder wunderschöne Pilze gewachsen sind.

Herr Natter, wir danken Ihnen für das Gespräch.

Kleine Schöpfungs-Akte

Judasohr

Hirneola auricula-judae

Sehen wir mal von den feuchten und ewig fruchtbaren Oderpoldern ab, war es 1993 mit der großen Pilzschwemme Essig. Die Trockenheit hatte das Mycel unserer Favoriten sauer werden lassen. Das verlangte nach methodischer wie methodologischer Flexibilität. Wo kämen wir sonst hin?

Um diese Dürreperiode entdeckten wir in dem zu unserem Anwesen gehörigen Garten einen invalidisierten Holunderstumpf, der sich uns übersät mit nutellafarbenen, lappenähnlichen Gebilden präsentierte. Der Fachmann weiß natürlich sofort, daß es sich hierbei um das Judasohr beziehungsweise den Ohrlappenpilz handelt, der zwar absolut geruch- und geschmacklos ist, dessen merkwürdige Gummikonstitution aber Salaten und Fernostgerichten zu einer eigenwilligen Konsistenz verhilft. Also tüchtig gesammelt und verspeist.

Mittlerweile haben wir feststellen können, daß wir das Ernten nicht unbedingt dem Zufallsgenerator überlassen müssen. Hier leistet unsere Fahrradplastiktrinkflasche unentbehrlichen Support. Damit nässen wir den gesamten Stubben, und – Sie werden es kaum glauben oder für Mykologenlatein halten – diese Prozedur, zweistündlich wiederholt, beschert unserem kleinen Haushalt plus sporadischen Gästen täglich ergiebige Pilzausbeuten. Von einer Sorte, über die es übrigens heißt, sie sei »stellenweise häufig, doch meist selten«.

Wir wissen, die gelernte Hausfrau erwirbt im Bedarfsfall diese Spezies getrocknet für billig Geld im nächsten Feinkostladen und im Supermarkt. Aber was ist der profane, überdies mündliche Abschluß eines Kaufvertrages über dreißig Gramm Trockenpilze, verglichen mit der erhabenen Möglichkeit, selber einmal Schicksal spielen zu können?

Die Schöpfung, oder zumindest ein kleiner Teil von ihr, ausgeliefert der fröhlichen Willkür eines jungen Mannes.

Bevor wir beginnen zu langweilen, folgendes: Zwei Ecken weiter, im Vorgarten der beschaulichen Seniorenresidenz, wachsen an einem breiten Lindenstumpf Myriaden von Faltentintlingen *(Coprinus atramentarius)*. Myriaden! Allerdings wird bei deren Verzehr von der Fachwelt empfohlen, die nächsten beiden Tage und auch die beiden Tage zuvor den Alkohol zu meiden; das also führt grundsätzlich in die Irre.

Bliebe noch das erste uns ansichtig gewordene Exemplar eines Stadtegerlings *(Agaricus edulis)*, der sich durch die zolldicke Bitumendecke unseres Trottoirs geschraubt hatte. Das müssen Sie gesehen haben! Das gibt's wirklich! Das hebt bisweilen große Granitplatten an.

Mit so einer Pilzbrut könnte man der Postmoderne im Handumdrehen den Gnadenstoß versetzen. Immer her damit.

Diese Brut!

Riesenträuschling
Stropharia rugosoannulata

18. Juli Pilzbrut für Riesenträuschlinge/Braunkappen telefonisch beim Pilzkontor Soundso bestellt.
19. Juli Vormittag Weizenstrohballen von Freund Hartmut Krügers Bauernhof geholt. Mit dem Fahrrad freihändig, um die Last auf dem Gepäckträger zu halten, zwei Kilometer bergab gebraust. Nachmittag in Babybadewanne eingeweicht.
20. Juli Pilzbrut eingetroffen und im Kühlschrank zwischengelagert (Gemüsefach). Strohballen in der Wanne gewendet. Nachher Wasser wechseln, wieder wenden.
21. Juli Jauche abgegossen, Strohballen abgetropft und in Halbschatten unter der Fichte ausgebracht. Geimpft mit sieben über den Ballen verteilten Brutklöpschen. Vorher mit Pflanzpieker Gänge gebohrt.
22./23. Juli Nichts weiter.
24. Juli Strohballen mit hellblauem Plastiksack umhüllt, außer vorn und unten. Mikroklima!
25. Juli bis 4. August Urlaub I.
5. August Die Brutnester wachsen. Strohballen ausreichend feucht.
6. August Immer noch ausreichend feucht. Lustige Kreismuster am Inneren der Folie ausgemacht.
7. August Die lustigen Muster sind die Abdrücke von Zähen Fadenhelmlingen *(Myceba vitilis)*. Die »Stiele« aus winzigen Glasfiberfäden. Heerscharen davon im ganzen Ballen verteilt. Nahrungskonkurrenz! Prost Mahlzeit! Vor Antritt von Urlaub II mit der Kanne zweikommafünf Liter Wasser für alle Fälle draufgegossen. Wetter scheint optimal, weder zu heiß noch zu trocken.
8. bis 12. August Urlaub II.
13. August Fadenhelmlinge auf dem Rückzug, haben vertrocknete Glasnudeln hinterlassen. Die Träuschlingsbrut-

nester expandieren, jedenfalls die zwei, die ich ohne Umstände durch vorsichtiges Aufwühlen einsehen kann.

14. August Schneckenpisten auf der Folie entdeckt. Zur Ablenkung Waldpilzabfälle im Halbmeterradius um den Ballen verstreut.

15. August Nichts.

16. August Keine besonderen Vorkommnisse.

17. August Halbe Kanne (zirka drei Liter) Wasser nachgegossen, weil unvorstellbar heiß und trocken.

19. August Schneckenumleitung funktioniert. Kenner schwören auf Bierfallen. Nun ja.

22. August Die sterblichen Überreste der Zähen Fadenhelmlinge haben die obere Strohschicht schwarz getönt.

25. August Von den sieben Impfnestern schwellen nachweislich fünf stetig heran.

27. August Drei Liter Wasser zugegeben und umgerührt, nein, falsch: Das Mycel hat den hinteren Bereich fast vollständig durchflochten. In einer Woche müßte das Endstadium erreicht sein.

4. September Die Witterung seit einigen Tagen optimal. Luft um die sechzehn Grad Celsius. Auch ausreichend Himmelswasser. Nach Plan müßte heute Punkt vierzehn Uhr eigentlich der Strohballen vollständig vom Mycel durchwachsen sein. Trotz wiederholter Aufforderung weigert es sich, dieser Anweisung Folge zu leisten. Na gut, wir können auch anders.

5. September Bravo! Aus den zwei Luftschlitzen hinten ragen Mistkahlköpfe *(Psilobyce coprophila)*. Jetzt nur nicht schwach werden. Haltung zeigen. Rausreißen. Wegwerfen. Nicht weiter dran denken.

8. September Oben zeigt sich endlich das erste Mycel und macht von seinem Hausrecht Gebrauch.

10. September Einen halben Sack Walderde (von Schloßruine Liebenau; siehe Schopftintlinge) auf dem Strohballen verteilt und vorsichtig angefeuchtet. Von jetzt ab dauert es angeblich noch zwei bis drei Wochen.

12. September Auf den aus der dünnen Erdschicht ragenden Halmen haben sich winzige Pilze postiert. Sehen aus wie Mohnkrümel. Wohin soll das führen?

13. September Erst mal in die Depression, oder wie?

15. September Die Deckerde trocknet furchtbar schnell aus. Täglich gießen.

19. September Na, wie sieht's aus? Hat hier jemand mal Lust zu wachsen?

24. September Nichts. Jedenfalls nichts Neues.

27. September Dieses Warten, dieses ewige Warten.

5. Oktober Erste Gedanken: aufzugeben. Hat doch alles keinen Sinn mehr.

9. Oktober Kurzen Prozeß gemacht und den Strohballen in den Keller verfrachtet. Die Nächte sind schon knapp über dem Gefrierpunkt. Wie soll denn da ein Mycel fruktifizieren?

12. Oktober Die Umstellung scheint zu klappen. Hier herrschen konstante Temperaturen um fünfzehn Grad Celsius, trocken ist es und ruhig. Jetzt wollen wir doch mal sehen!

16. Oktober Deutlicher Mycelrasen an den beiden breiten Seiten. Erste Knötchenbildung.

20. Oktober Vom Kurzurlaub zurück. Keine deutliche Änderung. Alle anderen Pilztexte sind geschrieben, Vorwort, Anhang, alles. Ausnahmen: Hallimasch und Shiitake (sind in Arbeit). Höfliche Bitte ans Mycel, jetzt endlich mal aus der Hüfte zu kommen.

23. Oktober Beim Platzschaffen für den Kindergeburtstag eine kräftige Wolke Pilzduft aus dem Ballen empfangen. Kleine farblose Kaviarbällchen hie und da. Sonst nichts. Es kann sich nur um Wochen handeln.

24. Oktober Zwei Nacktschnecken an der Westseite gestellt und sofort in ein sicheres Drittland (Gartenwiese) abgeschoben.

27. Oktober Sogar die wildgewachsenen Riesenträuschlinge auf dem gepflügten Acker haben wir stehengelassen in der törichten Hoffnung auf eigene Ernte. Erneut Knötchenbildung eingebildet. Frau lacht schon.

29. Oktober Wirre Fieberfantasie gehabt: Wollte den

Strohbüschel rigoros zerwühlen. Fand tief im Innersten eng zusammengekauert die Träuschlinge, die sich weigerten, endlich nach außen zu schlüpfen. Einige besaßen sogar die Frechheit, sich noch tiefer zu verkriechen. Aber solcherlei hilft auch nicht weiter.

7. November Die Temperaturen nach wie vor stabil, aber sonst? Der Ballen wird zum Kommunikationszentrum (Kontaktbörse) für Kleinfauna: Kellerasseln, Hundertfüßler, andere Sachen mit Beinchen dran. Vielleicht höhlen die das Mycel aus, und wir kucken in die Röhre?

10. November Eigenem Denkfehler auf die Schliche gekommen: Träuschlinge brauchen unter dem Stroh Bodenkontakt, Erde. Und hat ihn der saubere Herr Rudolf? Definitively not. Das Kaminblech, ja. Also den Strohballen in die Babybadewanne retour. Vorher mit fünfzehn Zentimeter hoher Eigenhumusschicht ausgelegt. Das kann dauern, bis sich das Mycel trotz lieblichstem Zureden davon erholt. Schöne Bescherung! Guten Morgen, Herr Chefpilzzüchter!

20. November Mycel wächst weiter. Die Kaviarkugeln waren Schneckeneier. Wieder was gelernt. Die Schlüpflinge sind büroklammergroß. Wehe ihnen, wenn sie eventuell geschossene Pilze schon aufgefuttert haben! Lesen Sie am 23. November weiter.

23. November Sieben Schneckenbabies.

24. November Dreizehn.

26. November Vier.

1. Dezember Sieben.

5. Dezember Noch mal sieben.

12. Dezember Noch immer die Kindergießkanne nicht wiedergefunden. Damit wäre das Nässen einfacher. Träuschlinge wollen nämlich nicht direkt mit Wassertropfen beballert werden. Auch noch Ansprüche stellen – Sie haben recht.

17. Dezember Aus Langeweile die Strohhalme durchgezählt. Sind noch alle da.

23. Dezember Jetzt bequemen sich die Herrschaften Träuschlinge tatsächlich heraus. Vier Stück. Als Vorhut.

Gäbe es einen Gott, er hätte es clever eingefädelt. Mit der Taschenlampe alle Winkel des Brutkastens abgeleuchtet.
26. Dezember Standortverlagerung ins Treppenhaus, vor Heizungstür (bei konstanten siebzehn Grad Celsius). Über Nacht stimmt natürlich nicht, wie überall in den Anleitungen zu lesen steht. Ganz gemächlich erscheinen sie. Zwei Pilze streichholzkuppentief ausgehöhlt. Eine Schnecke auf frischer Tat ertappt.
28. Dezember Zwei Schnecken. Die Pilze mit jungsteinpilzlichtbraunweißlichem Fonds unter partiell warzigem Überzug. Eine weitere Abordnung (drei) schiebt sich wie Wattestäbchen aus dem Substrat.
30. Dezember Am Stiel des größten Träuschlings zeigen sich erste vertikale Risse. Die kleineren Exemplare hinterlassen beim Aufspannen putzige Zotten.
31. Dezember Glückwunsch! Die Risse waren nur die Vorstufe für ein generelles Aufplatzen. Die obere Schicht der Stiele schält in etwa von der Mitte beginnend nach unten und oben ab. Der zweitgrößte Pilz sieht schon wie eine chinesische Pagode aus. Das geht ja noch: Die kleineren Kollegen erinnern an zerfressene Halmafiguren. Ihre Stiele verharren insgesamt blaß, kaum gelblich, eher etwas bräunlich, ihre Hüte sollte man aber niemals Braunkappen nennen. Lamellen immer noch champignonesk. »Geruch nach Nagellackentferner« (Die Frau). Wo bleiben die vielfach beschworenen »eigenartig runzligen Manschetten«?
1. Januar Allabendliche Schneckenmahnwache eingerichtet. Die mit der endlich wiedergefundenen Bügelsprühflasche verteilte Nässe lockt sie magisch an. Und der Pilzgeruch auch.
3. Januar Da die Schneckenpopulation keine Einsicht zeigt, wird eine Bierfalle installiert (Sandförmchen Birne).
5. Januar Eine Schneckenleiche im Biersud.
6. Januar Rekordpilz vom first flush mit vierzehn Zentimeter Höhe, Stieldurchmesser vier Zentimeter, Hut hat das Aufschirmen vergessen, daher rotkappige fünfeinhalb Zentimeter. Grifffest.
Riesenträuschlinge verlangen geradezu nach stilvollem

Garprozeß. Ihr ausgeprägtes Aroma, welches munter zwischen Rettich und Kohlrabi oszilliert, ist weithin gefürchtet. Oft wird sogar vom Genuß abgeraten. Dazu despektierliche Bemerkungen zur Koprophilie der Pilze. Wir hingegen raten dezidiert zu. Zum Beispiel zu Kohlrouladen mit Träuschlingsfüllung. Salzen ist da reine Formsache. Die Tätigkeiten vollführen wir mit provokanter Würde. Wenn die Nachbarn wüßten, daß da gar kein Schweinehack schmurgelt.

PS: Die zweite Erntewelle läßt kaum Wünsche offen. Achtunddreißigmal thronen auf bienenwächsernen Säulen blindschleichenbronzene bis frischeschürfwundengrindfarbene (Mädchenknie, zirka sieben Jahre) Schirme. Selbstredend mit »eigenartig runzligen Manschetten«. Yeah!

Hexeneier

Stinkmorchel
Phallus impudicus

Vom Genuß der überall anzutreffenden Stinkmorchel muß der ausgewachsenen Zeitgenossin nicht gesondert abgeraten werden; das erledigt der gefürchtete, meist von einer Schule zudringlicher Fliegen umlagerte Pilz von selber. Wenn der Sammlerin aber das Glück hold ist, findet sie dort, wo die Phalli ihre Marke setzen, zahlreiche Hexeneier, aus denen die Morcheln noch nicht geschlüpft sind. Flugs gibt sie sämtliche Boletusgedanken auf und nimmt achtzehn dieser hodengroßen Kugeln mit.

Sie baumeln meist an so einem Rhizoidstrang und offerieren ein sympathisches Innenleben. Die äußere Hülle umschließt die Gallerte, die innere Hülle schützt die grünliche Sporenmasse mit dem glockenförmigen, später gekammerten Hutteil und natürlich auch den Stielteil des Fruchtkörperfleisches. Das restliche Grundflechtgewebe dürfen wir nicht vergessen. Im tiefsten Inneren ruht ferner die ver schleimte spätere Stielhöhle.

Das Scheingewebe streckt sich dann, wenn ihm ein Zeitpunkt geeignet genug erscheint oder hübsche junge Sammlerinnen im Walddistrikt herumturnen. Das heißt im Klartext: Die äußere Hülle wird gesprengt, die Zellen quellen auf, die Poren dehnen sich. Die Morchel erigiert. Manchmal ist ein feines Knistern zu vernehmen. Als wäre das nicht genug, setzt sie additive Geruchsstoffe frei. Außerdem kommen leuchtendgelbe oder leuchtendrote Lockstoffe zum Einsatz. Auf diese Weise scheint die endozoochore Sporenverbreitung gesichert. Stichwort: Fliegenstaffeln.

Wie alles, was erigiert, ist die Pracht von endlicher Dauer. Selber schuld. Viele Exemplare werden einfach vom schamlos angelockten Insekt zerknabbert, andere erschlaffen unweigerlich und implodieren aus purer Entkräftung. Und auch Enttäuschung, denn so mag sie die Sammlerin nicht.

Die kundige Sammlerin schält lieber mit weicher Hand die weiße ledrige Haut und die konstitutionell auffällige Konkordanzen mit hessischem Handkäse vorweisende Schutzhülle vom Hexenei und erhält: wie ein hartgekochtes Hühnerei das künftige olivgrün-weiß gefurchte Bratgut. In der Form fast wie ein etwas zu klein geratener Avocadokern. Zweckmäßig schneidet die bedachte Frau die Hexeneier zu zweikommasieben Millimeter dicken Scheiben, so daß sie die Struktur noch gut erkennen kann, und übergibt sie heißem Olivenöl. Von Retticharomen wird in diesen Zusammenhängen oft gemunkelt. Das kümmert sie wenig. Kräftig salzt, wenig kümmelt sie. Eine zerkleinerte Zwiebel, dic nicht braun werden sollte, vielleicht noch. Dann läßt sie Rosmarin, Majoran (fakultativ) und Thymian über die knusprigen Scheiben rieseln.

Sie und Sie werden staunen.

Schicksalspilze

Rotfußröhrlinge

Xerocomus chrysenteron

Rotfußröhrlinge tauchen immer dann und dort auf, wenn und wo man absolut nicht mit ihnen rechnet beziehungsweise sie überhaupt nicht gebrauchen kann: Man kommt vom Baden oder ist auf dem Weg dahin, ist mit einer neuen Herrenbekanntschaft unterwegs, hat kein Messer/Behältnis mit oder irgendwie keine Zeit. Zeit, sie abzuernten, zuzubereiten geschweige denn sie zu essen.

Ein Schicksalspilz.

Ein Schicksalspilz, weil er sich kaum für Vegetarier eignet. In der von der Deutschen Gesellschaft für Mykologie alljährlich erstellten Madenhitparade führen die Rotfußröhrlinge seit geschlagenen siebzehn Jahren mit Abstand. Dann kommt erst mal langelange nichts, dann wieder nichts, dann der Butterpilz *(Suillus luteus)*. Auf Platz drei der Steinpilz *(Boletus edulis)*. Weit abgeschlagen der Perlpilz *(Amanita rubescens)* und immer irgendein Täubling *(Russula pp.)*.

Rotfußröhrlinge erscheinen immer massenhaft, von diesem Wort gibt es nicht einmal den Singular. Und das kommt so. Weil sie über die Maßen madig sind, nimmt sie niemand mit. Niemand verhindert daher ihre ungeschlechtliche Fortpflanzung. In der einschlägigen Literatur rangiert ihre sensorische Qualität allenfalls im Segment »mischgerichtekompatibel«. Ich kenne niemanden, der jemals mehr als ein Exemplar wohlbehalten und unzerfressen mit nach Hause retten hat können. Selbst junge, scheinbar knackige Varietäten transzendieren im Handumdrehen zum Wurmhort, spätestens, wenn sie daheim ausgebreitet werden. Was aber fängt man mit einem Kilogramm Würmer an?

Und doch läßt sich gerade am Beispiel Rotfußröhrlinge sehr schön der rudimentäre Jagdinstinkt veranschaulichen: Mit dem jahrhundertealten Wissen bepflanzt, zwar ernährungsphysiologisch völlig unsinnige Pilze vor Augen zu haben, wechselt die Konstitution des Sammlers augenblicklich doch in einen anderen, schwer beschreibbaren Aggregatzustand. Zugegriffen wird zunächst immer. Mindestens einer.

Warum?

Sind es die kopfkissenweichen olivfarbenen Wildlederhütchen – im Alter leicht aufgerissen? Oder sind es die mitunter grazil gewundenen rotweinroten Stiele mit der schimmelweißen Basis? Oder sind es die oft zitronengelben Röhren? Oder sind es die feinstens abgezirkelten Hexenringe, die sie gerne bilden? Keiner weiß das.

Wozu auch.

Schwarze Münzen

Dickschaliger Kartoffelbovist

Scleroderma citrinum

Was den Dickschaligen Kartoffelbovist (in der taxonomischen Ur- und Frühgeschichte gerne: Krachbuffpilz) in den Augen seiner Gegner zum Objekt unehrenhafter Behauptungen, ja wüstester Beschimpfungen hat werden lassen, ist weniger die unbestrittene Tatsache seiner schwachen Giftigkeit, sondern daß er angeblich häufig zum Betrug im gewerblichen Trüffelhandel mißbraucht würde. Für beides kann er nichts. Die Welt hat eben ihr vorgefertigtes Bild, und wieder sind zahllose unschuldige Pilze ausgegrenzt.

Dabei formt der Dickschalige Kartoffelbovist fleißig kompakte Kugeln, besser Knollen, fast überall im Unterholz, am Wegrain und läßt sich gern bewundern. Harte Schale, fester Kern, heißt sein Motto. Denn seine Peridie ist mächtig und stolz. Als Farben kommen Créme, Orange oder Zitronengelb in die engere Wahl. Und sie ist kunstvoll warzig gefeldert. Spontan fallen einem kleinste Asteroiden oder neu entdeckte Jupitermonde zum Vergleich ein. Vielleicht rührt daher auch das Gerücht, die Pilze seien extraterrestrischen Ursprungs? Egal. Die Gleba im Inneren leuchtet anfangs weiß, errötet sodann leicht, liebäugelt mit tiefem Violett und tintenbläulichem Schwarz. Mit der Reife platzt nämlich die Peridie von jetzt auf gleich am Scheitel auf und schleudert Milliarden olivbraune Sporen in die große, weite Welt. Nach dieser überpilzlichen Anstrengung stürzt der Dickschalige Kartoffelbovist jämmerlich in sich zusammen und sieht schlaff und schmutzig aus, wie ein gebrauchter Staubsaugerbeutel.

Gerade aber mit der artifiziellen Kombination und Komposition dieser Warzen scheint ein bisher nicht enträtseltes Geheimnis codiert, das ich mir höchstens so interpretieren kann: Es wird eine Art Blindenschrift sein, die den unbedarften Pilzesammlernachwuchs einlädt, sich »blindwütig« am lustvollen Zertrampeln der überreifen Fruchtkörper zu weiden. Im Ergebnis sind noch größere Sporenwolken von der Qualität byzantinischer Stink- und Rauchbomben unterwegs. Und in der tiefen Gewißheit, es einem nutzlosen Schädling am gesunden Waldkörper ordentlich besorgt zu haben, stapfen die Dummen befriedigt weiter.

Im berechtigten Glück über die Beschleunigung seiner Sporenausbreitung nimmt er die niederen Motive seiner sozial offensichtlich randständigen Peiniger gelassen hin. Doch der Dickschalige Kartoffelbovist wäre nicht der Dickschalige Kartoffelbovist, wenn er es ihnen nicht milliardenfach heimzahlte. Dermaleinst werden die Banausen mit dem Kaputttrampeln kaum nachkommen und darüber irre. Nur scheinbar gelassen nimmt er hin, daß der Schmarotzende Röhrling *(Boletus parasiticus)* in seinem hilflosen Fruchtkörper ontogenetisch zur Sache kommt.

Andererseits ist der Dickschalige Kartoffelbovist klug und besonnen und wohl auch großherzig genug, wenigen Auserwählten seine sensorischen Qualitäten zu vermelden. Vom Genuß des Dickschaligen Kartoffelbovisten in pfannentauglichen Quantitäten ist trotzdem entschlossen abzuraten, selbst für das berüchtigte Pilzmischgericht wurde er in wiederholten Testreihen signifikant für ungeeignet befunden. Seine Stärken liegen anderwärts.

Man sammle möglichst autoreifengummifeste Exemplare, deren Inneres wurmverschont und tintenschwarz ist. Die rauhe Peridie möge man entfernen, auch die nicht brünierte Gleba. Der Geruch ist schier betäubend. Zwei Millimeter dicke Bovistmünzen lassen sich einwandfrei trocknen, werden steinhart und sollten separat aufbewahrt werden. Wenn man aber eines Tages Lust auf eine prima Tomatentunke für schwarze Nudeln bekommt, bereiten sich vierfünfsechssieben solcher Bovistkomprimate zum leise mitköchelnden Sondereinsatz vor. Nur so läßt sich der grundsympathische Pilz zur bedingungslosen Freigabe seiner Aromakomplexe überreden. Dies allen verstockten Kartoffelbovistfeinden ins Stammbuch.

Mit der Bitte um Nachsicht

Butterpilz
Suillus luteus

Wer aber vom Butterpilz reden will, sollte auch von der Made nicht schweigen.

Wenn uns ein freundlich strahlender Butterpilzring anblinzelt, ist die Freude groß, gewiß. Das Pilzfieber steigt in bedrohliche Höhen, Schweißausbrüche, progressive Speichelproduktion in Antizipation köstlichster Pilzspeisen und, jawohl, die nicht unbedeutende Andeutung geschlechtlicher Bereitschaft darf nicht verschwiegen werden. Der Organträger bereitet sich aufs Wohlbefinden vor. Schon kniet man hinab, um die Bodenschätze sorgfältig dem Erdreich zu entreißen, sie vom bedrückenden, auch sonst ziemlich zudringlichen Lehm zu befreien. Doch was spüren wir? Der gewohntermaßen fingerfeste Stiel gibt augenblicklich nach, zerglitscht womöglich und läßt den sonst so stolzen Kopf sinken. Der Pilz ist *eine* Made. Zum nächsten: das gleiche. Der ganze Ring, an die zwanzig Pilze, ein eben in den Sand gesetzter Madenwohnpark.

Jetzt gilt es, an die gute Erziehung des Suchers/Finders zu appellieren. Seine Großherzigkeit und Langmut werden auf eine der scheußlichsten Belastungsproben gestellt, die das irdische Jammertal in einem Alptraum je nur ersinnen konnte. Ergreift nicht auch Verständnis in unseren Gedanken Platz, wenn wir den Düpierten dabei beobachten, wie er elektrisiert und außer sich vor Zorn den nächstbesten Fruchtkörper vermittels Fußtritt zu einer uneleganten Bogenlampe durch die aromatische Waldluft verhilft. Wohl: Danach ist ihm besser. Aber ist Gewalt eine Lösung?

Was wir von unseren humanoiden Konkurrenten wissen, ist, daß sie lästig sind, mitunter verschlagen, all das, was unter Herbstlorchel *(Helvella crispa)* nachgelesen werden kann. Aber ihnen eignet eine gewisse Zuverlässigkeit, und die verdeckte Konkurrenz hat auch ihr Gutes.

Nichthumanoide Konkurrenten verfolgen da andere Prinzipien. Die Schnecke wurde bereits erwähnt, auch der eine oder andere Nager. Doch das Ergebnis ist bei weitem nicht so niederschmetternd wie der Madenbefall. Ist das Schneckenloch, der Mäusefraß nicht ein Schönheitsfleck – im Preis inbegriffen? Oder wenn sich ein Schneckenwurm irgendwo im Zentrum des Pilzes wohlig wie im Mutterbauch krümmt, ergreift uns nicht augenblicklich Ehrfurcht vor dem Leben? Natürlich. Bei den Maden hingegen kommt der Aspekt der Hinterhältigkeit zum Tragen, daß man sehr an sich halten muß, um unkontrollierbaren und ergo unkontrollierten Wutausbrüchen nicht dauernde Heimstatt zu gewähren. Unklar ist bis dato, was die befallenen Pilze sich dabei denken. Wollen sie damit ihren stark angeschlagenen Ruf als Eiweißlieferanten aufpolieren? Oder spielen Aspekte des ernsthaften Bestandsschutzes mit hinein? Schon möglich.

Jeder auch nur gelegentliche Pilzsammler hat diese wermutbittere Erfahrung schon machen müssen. Und wie vielgestalt dieses Ungemach unserer höhnt. Im Steinpilz *(Boletus edulis et al)* sind es winzig kleine Viechlein, kaum dicker als ein weißer Faden, mit einer schmutzigen Kopfspitze, kaum zu erkennen im entjungferten Weißfleisch des Pilzes. Im Perlpilz *(Amanita rubescens)* graben sie ein rotes Höhlensystem von Fraßspuren. Der einzige Vorteil: Man kann ihn jetzt vom Pantherpilz *(Amanita pantherina)* sicher unterscheiden. In der Marone *(Xerocomus badius)* und im Wiesenegerling *(Agaricus campestris)* geraten die Madenpopulationen schon bedrohlicher als bei Steinpilz und Perlpilz. Freiwillig verlassen sie ihren Standort nicht mehr. Und größer sind sie auch. Ähnlich bei den Rotfußröhrlingen *(Xerocomus chrysenteron)*, die, wir wissen es, ohne die zappelnden Eiweißfäden kaum vor- und darstellbar wären.

Am schlimmsten jedoch ist die fast körperliche Pein beim Butterpilz. Die Inhabitanten haben nicht selten Streichholzdicke und nahezu Drittelstreichholzlänge. Jeder Anfänger ist seit Urzeiten dazu angehalten, den Fruchtkörper an Fundort und Stelle durch Aufschneiden auf Wurmbefall zu überprüfen. Und sofort schreit eine in ihrer vorgeblichen Ruhe gestörte Madenhorde: »Licht aus!« Die verletzten Kameraden werden verarztet, in Sicherheit gebracht, und es wird gegebenenfalls zum Angriff übergegangen. Rücken an Bauch gedrängt und oft auch umgekehrt labyrinthisieren sie den Thallus so geschickt, daß er eben nicht zusammenstürzt. Ihre Pausen verbringen sie auf den weichen Decken der Manschetten, die bei den jüngeren Pilzen vollständig den Hut zum Stiel bespannen. Da knabbern sie versonnen die apfelkorngelben Pilzsnacks. Die olivengelben Lamellenröhren nehmen sie als Strohhalme für den erfrischenden Pilzsaft. Da zählen sie die kleinen rotbraunen Pünktchen auf dem Stiel, vielleicht helfen sie auch einem schwachen Insektenkollegen auf die Beinchen, der auf der Schleimschicht des erdbraunen, manchmal violettierten Hutes Startschwierigkeiten hat.

Größe und Konstitution sprechen für Wohlgeschmack und Nahrhaftigkeit des Butterpilzfleisches und für die Geschmackssicherheit der Made. Aber reicht das für einen geprellten Sammler als Gehhilfe auf dem steilen und steinigen und von allerlei Ressentiments verminten Pfad der Versöhnung mit dem winzigen Nahrungskonkurrenten? Nein. Und nochmals nein!

Aber halt! Sind wir da nicht allzu leichtfertig und ungerecht? Nehmen wir diese Tiere nicht nur in diesem unappetitlichen Stadium wahr? Hat einmal jemand beobachten können, unter welchen Qualen die fleißige Insektenmutter den eben sprießenden Pilzstiel vor Sonnenaufgang impft? Hat jemals einer gesehen, wie die Würmlein als junge Erwachsene ihren mykophagen Unterstand verlassen, hinaus in die fremde und nicht nur mitunter sehr befremdliche Welt? Wer hat wohl je einen Gedanken an die verzweifelte Fliegenmutter verwandt, die aus sicherer Entfernung ihre Brut von unwissenden Sammlern nach Hause getragen sehen und auf immer für elterliche Liebe und Fürsorge verloren geben muß und sich womöglich mutwillig ins nächste Spinnennetz stürzt? Das sind die kleinen Tragödien, von denen wir kaum Ahnung haben, haben wollen. Und doch: Was helfen hier Attributierungen wie klein und groß weiter? Sind sie überhaupt geeignet für das Ermessen des ewig wiederkehrenden Leids der Daseinskollegen? Sollte der Sammler beim nächsten Mißerfolg nicht still in sich gehen, die Butterpilze Butterpilze sein lassen und sich statt dessen an der benachbarten Kolonie Goldgelber Lärchenröhrlinge *(Suillus grevilleï)* schadlos halten, in die sich seltsamerweise kaum ein Wurm je verirrt?

O doch, das sollte er.

Waldpension »Krause Glucke« empfiehlt sich

Krause Glucke

Sparassis crispa

Wir heißen Sie herzlich willkommen in unserer Waldpension »Krause Glucke«. Wir sind Teil eines internationalen Wochenhotelunternehmens, das über die gesamte nördliche Hemisphäre verteilt ist. Sie finden uns im Herbst und unter optimalen klimatischen Bedingungen in nahezu jedem Nadelwald, bevorzugt an Wurzeln und Stümpfen von Kiefern und Fichten.

Unsere Erholungskomplexe haben einen serienmäßigen Durchmesser von dreißig bis vierzig Zentimetern, bei einer Gesamtmasse von maximal fünf bis sechs Kilopond. Die abgeflachten, sehr zahlreichen komfortablen Zimmer sind vollendet miteinander verwoben und einheitlich in Hellbeige bis Ocker gehalten. Die modernen Balkons sind als gekräuselte, wellige Astspitzen ausgeführt und verleihen unseren Waldpensionen »Krause Glucke« ihre charakteristische Badeschwamm-Optik. Lassen Sie sich vom einzigartigen Glucken-Ambiente verwöhnen. Das würzige und reichhaltige Essen wächst von den Wänden, die Dufttannen stehen direkt ums Haus.

Bei uns suchen und finden Sie Erholung und Entspannung in einmalig ruhiger Lage. Es ist für jeden Geschmack etwas dabei. Unser Personal hält sich diskret im Hintergrund, und Sie glauben, daß alles von »einer unsichtbaren Hand« dirigiert würde. Ein perfekter Erlebniswald ohne störende Nebeneffekte mit einem Optimum an individueller Freiheit. Das ist unsere Philosophie. Ob toller Ferienspaß für Libellen-Kid's, Ausweichquartiere für Waldameisen, Beautyholidays für Schnaken und Gelbrandkäfer, Indoor hiding für Nacktschnecken oder Businesskonferenzen und Kongresse für Schildwanzen und Erdläufer. Für Familien besteht die Möglichkeit, Aufbettungen in den Suiten zu schaffen. Weiterhin stehen Ihnen zwei Salons, ein Frühstücksstudio sowie ein Saunaland zur Verfügung. Garantiert geschützt vor Raub- und sonstigen Vögeln, Waldmäusen, Mardern und Füchsen. Im Foyer liegt eine umfangreiche Auswahl an Lektüre (*Insect Times, Daily Wood, Die WaldWoche* u. a.) für Sie bereit.

Nutzen Sie die zahlreichen neu erschlossenen Wellnesswanderwege. Nutzen Sie die einmalige Chance für einen unvergeßlichen Aufenthalt in einem unserer Wochenhotels. Machen Sie interessante und spannende Bekanntschaften mit anderen coolen Waldbewohnern. Profitieren Sie von der supergünstigen Verkehrsanbindung (Start- und Landebahn auf dem Dach). Heißer Tip für Survivalfreaks: Bleiben Sie so lange, bis die Menschen uns rigoros abschneiden, zerhäckseln, kochen, dünsten oder zu schmackhaft würzigen Glucken-Rührei-Träubchen verbraten. Aus der Pfanne hüpfen ist derzeit der absolute Renner unter den Extremsportarten.

Enjoy the Woods!

Buchungen, Reservierungen, weitere Informationen über:

E-mail: krause.glucke@wald-net.de.

Internet: http://www.krauseglucke.de

Audienz beim König

Steinpilz

Boletus edulis

Unglaublich, aber wahr: Mir wurde Audienz gewährt. Nicht irgendein Stein-/Herrenpilz, nein, »The King of the Woods« ließ sich höchstpersönlich herab. Das mit dem Buch über die Pilze sei ihm zugetragen worden, und da könne etwas Öffentlichkeitsarbeit keineswegs schaden.

Ich werfe mich also in den Waldstaat. Brille nicht vergessen! Wegen der schnipsenden Zweige. Auf dem Weg Richtung Waldmühle sollte ich mich hinter der Abzweigung nach reichlich hundert Metern links halten und das Rad zwischen der gemischten Buchen-/Eichenschonung und dem schätzungsweise fünfzehnjährigen Fichtenschlag verbergen. Der Rest würde sich dann finden. Eine gewisse Skepsis kann ich nicht verhehlen. Egal. Automatisch führen mich die Füße hangabwärts, in die Fichten hinein. Entengang? Sieht ja keiner. Keiner? Doch! Eine müßige Schule Fliegenpilze *(Amanita muscaria)* lächelt verschmitzt und deutet nickend mit den Hüten in die richtige Richtung. Es scheint fast, als wollten ihre Kleinen mir Geleit geben. Schon lassen sich die ersten Perlpilze *(Amanita rubescens)* sehen, ein paar Pfefferröhrlinge *(Chalciporus piperatus)* hetzen geschäftig hin und her. Kann aber auch eine optische Täuschung sein. Die Zweige der Fichten sind fest und sperrig, daß der Entengang langsam beschwerlich wird. Der Waldboden ist mit Nadeln bestreut. Nur gelegentlich schimmert ein Steinsbrocken weiß oder marmoriert. Die Erregung steigt. Hier muß es gleich sein.

Unter den immer niedriger werdenden Bäumen haben sich diverse Steinpilze versammelt, knäblich wie Fingerhüte, auch salzstreuer- bis cognacschwenkergroß. Knackig fest, daß sich die Hasen ihre Zähne daran schärfen könnten. Ein unmerkliches Spalier bilden sie. Man kann nur kriechen. Und jetzt sehe ich ihn auch: le Jardin du Roi – der

Garten des Königs. Eine Miniaturlichtung, wo zwei Fichten vorzeitig den Kampf gegen ihren Selbsterhaltungstrieb gewonnen hatten. Viermal vier Meter dürften das sein. Der Nadelteppich wird von weichen Moospolstern abgelöst. Grashalme zittern nervös im erstbesten Lufthauch, der hierher findet. Die Sonne hat ihren neuesten Farbkasten ausgepackt und hantiert verschwenderisch auf diesem Areal. Wo ein alter Stumpf des vormaligen Hochwaldes gemächlich zerbröselt, auf dem Wurzelstockpodest ist der Thron als Bühne hergerichtet. Da! Wow! Die Sommersonne richtet ihre Scheinwerfer auf IHN und läßt Seine Majestät im golden strahlenden Ornat erscheinen. Flankiert von vier furchteinflößenden Fliegenpilzwächtern. Unzählige als Pfefferröhrlinge kostümierte Lakaien tun wichtig.

Er ist es wirklich. Dreißig, Quatsch! vierzig Zentimeter hoch. Der Stiel vielleicht zehn Zentimeter dick und mit einer Farbe beglückt, die dem schönsten Mandelnougat auch gut zu Gesicht stünde. Darüber trägt er eine weiße grobmaschige und doch elegante Netzstrumpfhose. Der kolossale Hut so groß wie eine gute Bio-Eisenpfanne. Seine Oberfläche glänzt jetzt wie frisches Mischbrot. Als Schmuck hat er sich himbeerförmige Einstülpungen von Designerschnecken hineinfressen lassen. Die Röhren für sein reifes Alter immer noch erstaunlich weiß und fest wie feinster Zigarettenfilter, feinporig wie bester Pilsnerschaum. Alles an ihm strotzt vor Kraft und Willen.

Eine kaum merkliche Geste: Ich möge sprechen. Beinahe hätte ich mein Anliegen über der Betrachtung vergessen. Hastig verlese ich die vorbereitete Huldigung. Selbst mein Kind wüßte, daß der frische Steinpilz gebraten, gekocht oder gedünstet eine erdballumtönende Mediokrität sei. Roh, als Salat – darüber könne man reden. Er würde bei uns Menschen zwar als der schmackhafteste unter den europäischen Ständerpilzen verehrt, doch teile er nach Ansicht weniger Eingeweihter seine göttlichen Gaben nur in einem Aggregatzustand mit, dem konservierende Trocknung vorausgegangen sei. In Milch oder Sherry reaktiviert, als atombunkersichere Basis einer Sauce, einer Suppe oder als Füllung eingesetzt, verhülfe er uns Bedürftigen auf die luftigen Höhen seherischer Erhabenheit. Wir wüßten manchmal kaum, was wir sonst zum Glück bräuchten. Punkt.

Gespannte Ruhe. Offensichtlich macht das Eindruck. Hoffentlich den richtigen.

Ein Knistern geht durchs Unterholz. Sonst ist alles still. Die Sonne zieht sich kurz eine backige Wolke über die Ohren. Verstehe: Audienz beendet. Bei Menschenkönigen oder beim Christenpapst darf man ja zum Abschied den obligatorischen Siegelring oder so was küssen. Fehlt hier. Verlegen schaue ich mich um. Niemals jedoch hätte ich diese vollendete Dignität durch meine profane Berührung, in welcher Art auch immer, entweiht. Vorsichtig krieche ich rückwärts ins Dickicht. Geziemendes Verhalten wird generös belohnt. Am Steinpilzspalier, den kleinen bis mittelgroßen, solle ich mich nach Herzenslust bedienen, scheint mir ein leicht verzettelt wirkender Maronenminister *(Xerocomus badius)* einzuflüstern. Allerhöchster königlicher Erlaß. Und streng geheim! Außerdem: Die warteten doch nur darauf, gepflückt zu werden. Nein, der Einwand ehrte mich, aber Sorgen um den Bestandsschutz bräuchte ich mir keine zu machen. Morgen seien wieder ausreichend Neue da. Soviel mein Herz begehrte.

Zwei Gallenröhrlinge *(Tylopilus felleus)* werden, an mir vorbei, abgeführt. Sie hätten sich wiederholt als Steinpilze ausgegeben. Darauf steht hier lebenslängliche Verbannung in einen Kiefernhochwald mit Autobahnanschluß. Strenge Sitten, aber notwendig, zuckt der Minister mit den Achseln. Ganz im Vertrauen: Noch lästiger seien diese uncoolen Poser – Flockenstielige Hexenröhrlinge *(Boletus erythropus)*, die Tag für Tag hartnäckig beantragen, vom Blauwerden ihres Fleisches wenigstens teilweise befreit zu werden. Die Absicht, die dahintersteht, ist doch klar.

Aber was anderes: Am neugierigsten hätte alle die Erwähnung meines Kindes gemacht. Ein Mädchen? Solle ich unbedingt mitbringen. Den kleinen Erntefinger könne man kaum erwarten.

Und mir ist, als ob da jemand gekichert hätte.

Vom Glück auf dem Land

Ein Gastbeitrag von Wiglaf Droste

Faltentintling

Coprinus atramentarius

Wer auf dem Land aufwuchs und von dort floh, weiß, was das Land ist: Idylle = Hölle = Idylle und so fort. Das Landleben hat etwas Geisttötendes, mitleidlos Auslöschendes. Hin und wieder aber tut es der alten Rübe wohl, wenn sie am Wiesengrund gelüftet wird. Denn auch die Großstadt hat verblödende Wirkung; Beweise dafür laufen zu Tausenden herum und sind, sofern sie Bewußtsein von sich erlangen, auf die laute Art stolz darauf. So irisierend das von Herman Brood besungene »Berliner Tempo« mit »Musik und TamTam« auch ist: Ab und zu muß Ruhe einkehren zwischen den Ohren.

Auf dem Land kommt man auf gute Gedanken. Man kann die ruhige Weltkugel schieben und friedvolle Werke tun. Zum Beispiel ein Ameisennest hinter dem Kühlschrank stillegen. Mit Backpulver, denn die alten Hausrezepte sind noch immer die besten. Man läßt ein paar Tüten Backpulver auf die Ameisen herabrieseln und sieht ihnen beim Sterben zu. Es dauert ein bißchen, und es ist nicht so erhebend blutvoll wie ein patriotischer Film – es ist eben die kleine Landversion. Aber die reicht aus, um auf interessante und nützliche Weise in den Tag zu kommen. Man sitzt im Schlafrock neben dem kleinen Ameisengemetzel, trinkt Kaffee und überlegt, wie man es technisch hinkriegen könnte, mit Hilfe von Backpulver auch Atomkraftwerke für immer zu schließen. Sinnloser als rotgrün wählen oder fleißig beten ist das auch nicht.

Nicht nur Ameisen bedrücken als Plage das Land. Auch die Nacktschnecke macht sich breit. Weich und schleimig kraucht sie auf allen Wegen, fläzt sich fett auf Feuerholz herum und ist nicht einmal eßbar. Im Gegenteil: Die Nacktschnecke wird zur Nahrungskonkurrentin. Schmatzend befällt sie den schmackhaften Pilz, vertilgt den Rotfußröhrling und den Perlpilz, den Steinpilz wie den unter Lärchen wachsenden Goldröhrling, den man auch den Alfred Biolek unter den Pilzen nennt, denn wie dieser schleimt er beim Kochen. Giftiges und Ungenießbares wie den Samtfußkrempling, den Pantherpilz oder die Dreifarbige Koralle ignoriert die Schnecke und macht sich frech noch über Riesen- und Safranschirmlinge her. »Toadstools«, also Krötenschemel nennt der pilzängstliche Brite alle Pilze außer den langweiligen Champignons, die er als »Mushrooms« verehrt und verzehrt. In Wahrheit aber lungert auf dem Pilz nicht die Kröte, sondern der Schneck.

Von Schnecken unbehelligt allerdings fand ich eine Kolonie Faltentintlinge. Ich geriet in Euphorie. Der Faltentintling ist, jung gegessen, wohlschmeckend, aber das war nicht der Grund für meinen Jubel. In Verbindung mit Alkohol nämlich ist der Faltentintling erheblich giftig. Von Kennern wird er deshalb auch Verwandtenpilz genannt.

Kaum war der Pilzkorb gefüllt, trommelte ich die Verwandtschaft zusammen. Ich holte den besten Roten aus dem Keller. Hier sollte nicht am falschen Ende gespart werden. Die Blase rückte an, komplett mit Kind und Kegel, und ich bewirtete sie üppig. Schwierigkeiten gab es nur, als einige Mütter meinten, die Kinder dürften noch keinen Alkohol trinken. »Ach komm, zur Feier des Tages nur ein Viertelgläschen«, bat ich und zerstreute freundlich alle Einwände. Dem Faltentintling reicht ein Viertelgläschen.

Selber trank ich keinen Tropfen, nahm aber reichlich von den Pilzen, was sich später, bei der Polizei, als klug erwies. Die Untersuchung meines Mageninhalts wurde mit den Obduktionsberichten abgeglichen. Ich durfte gehen und machte mich auf den Heimweg in die Stadt. Das Landleben ist manchmal einfach zu geruhsam.

Horn of plenty

Herbsttrompete
Craterellus cornucopioides

Schade, daß für viele Pilzfreunde der aktive Genuß auf eine bestimmte und gar nicht mal lange Zeit im Spätsommer/Frühherbst reduziert ist. Ein probates Mittel, diesem traurigen Phänomen entgegenzutreten, ist das Konservieren. Wer hört mit Sammeln auf, wenn auf den nächsten zwei Quadratmetern dunkel funkelnde fünfzig Kilogramm Herbsttrompeten auf den Sporensucher warten. Zum Beispiel auf einem x-beliebigen Kinderspielplatz an der Ostseeküste unter Monsterbuchen. Das gruftige Aussehen macht die Herbsttrompeten-Sache für uns noch sicherer, weil jeder die schmalen grauen, oben eingerollten Trichter verschmäht. Doch Obacht! Schon nach sieben Mahlzeiten in Folge erlahmt das Wonnegefühl an der Pilzvöllerei, während Sammellust und -wut weiter diametral entgegengesetzt ansteigen. In Form einer Exponentialfunktion beispielsweise.

Es bleibt nichts als Konservierung. Die Menschheit kennt freilich die verschiedensten Formen: Einfrieren, Einkochen, Pasteurisieren, (süß-)sauer Einlegen, Einsalzen, das Räuchern oder die Milchgärung. Doch ist alles eitel und unwägbar obendrein. Man erinnere sich nur an die Heulkrämpfe des Autoren, als ihm im warmen Winter 1986 schlag siebzehn Gläser mit eingekochten Maronen *(Xerocomus badius)* und Kleinschuppigen Waldegerlingen *(Agaricus silvaticus)* aufgegangen waren. Bleibt tatsächlich nur das Trocknen – die älteste, sicherste und eleganteste Methode.

Bestimmte Pilze, erfahren so erst ihre wahre Bestimmung. Das trifft in erster Linie für die Herbsttrompete zu, die, frisch zubereitet, eher mediokere Gaumenerlebnisse erwarten, als zermahlene Trockenware einer Sauce verliehen, jeden Esser an eine bessere Welt glauben läßt.

Diese bessere Welt paßt in einen Topf mit dreihundert Gramm Spirelli, einem kleinen Blumenkohl, einer mittelgroßen Zwiebel, fünfzig Gramm getrockneten Herbsttrompeten, mehr nicht. Doch: zwei Liter Wasser, Prise Salz, etwas Butter und eine Knoblauchzehe fehlen. Kochen! Ein Brei sollte jedoch keinesfalls entstehen. Das geht fix und unkompliziert und ohne viel Geschirr vonstatten, und weil dieser Art die Herbsttrompete ihrem englischen Kosenamen horn of plenty vollauf gerecht wird, verschafft der gemeinschaftliche Verzehr äußersten Genuß und innerste Befriedigung.

Zum Trocknen eignen sich besonders feste, nicht allzu feuchte Pilzarten: Steinpilze, Maronen, Rotkappen, Birkenpilze, Butterpilze, Lärchenröhrlinge, bestimmte Täublinge, Shiitake und Morcheln. Pfifferlinge, Austernseitlinge und Champignons, obgleich massig getrocknet im Handel, gelten als ungeeignet und verlieren nachweislich an Aromen. Außerdem sind das keine Saucenpilze. Weitere Voraussetzung ist, daß die Pilze jung und frisch verarbeitet werden, daß sie nicht wesentlich beschädigt (Druckstellen, Wurm- und Schneckenfraß) sind. Ein großer, majestätisch anzuschauender, jedoch alter Steinpilz muß es auch nicht sein, da ist meist der Wurm drin.

Die Fruchtkörper werden geputzt und je nach Größe in Scheiben geschnitten. Kleine Exemplare vertragen vertikale Zerstückelung, größere beziehungsweise ausgewachsene eine Schneiderichtung neunzig Grad zur Faserrichtung (beim Stiel), bei der Kappe wieder vertikal. Man verliere den optischen Aspekt nie aus den Augen. Die Scheiben sollten selten dicker als zwei bis vier Millimeter sein. Herbsttrompeten vereinfachen dies auf nahezu unzulässige Weise, weil man sie bequem im Stück trocknen kann. Der weitere Verlauf hängt von der Witterung ab. Alles auf Pergamentpapier (notfalls Zeitung) verteilen – sie möchten sich dabei weder berühren noch übereinanderliegen – und auf ein Kuchenbrett/-blech legen. Optimal wäre allerdings ein Kunststoffsieb, da kommt von allen Seiten Luft ran, und das Pergament kann man sich auch sparen. Ist das Wetter sonnig und angenehm windig, das Arrangement (nicht direkt) in die Sonne stellen, eventuell vor Insekten mit Gaze schützen. Unser Papier saugt den ersten großen Flüssigkeitsaustritt auf, daher empfiehlt sich, die leicht anpappenden Scheiben nach angemessener Zeit zu wenden. Den Rest erledigen Sonne und Wind. Im günstigsten Fall dauert es einen knappen Tag. Niemals die Kleinodien über Nacht draußen lassen!

Spielt das Wetter nicht mit, kann man die kleinen Schätze auf dem Heizkörper postieren – zum Antrocknen und nicht länger als bis zum »Wenden«. Dann kurzerhand den Backofen auf fünfzig bis sechzig Grad Celsius (nur Elektrostrom, möglichst Umluft) hochheizen, die Pilze samt Blech in die oberste Schiene geschoben und die Backofentür leicht geöffnet (am besten den Quirl dazwischen klemmen), damit die Feuchtigkeit abziehen kann. Fertig sind die Trockenjuwelen, wenn ihr Wassergehalt von neunzig auf zwölf Prozent gesenkt ist, das heißt, wenn sie »rascheln«. Den Dreh kriegt man leicht raus. Bei Berührung augenblicklich zerkrümeln sollten sie keinesfalls, dann war's des Guten zuviel, und die spätere Regenerierung wäre stark behindert. Bei zu hoher und zu langer Temperatureinwirkung nehmen die Schmuckstückchen überdies »Geschmack« an. Ich verweise hier auf diverse handelsnotorische Produkte, die ab und an rauchig-leberwurstig daherkommen. Jetzt wäre noch ein Hinweis auf spezielle Trockengeräte fällig, die uns in Bio-Läden oder Gartenzeitschriften für Geld angedient werden. Brauchen wir nicht. Polen und Russen – das sei an dieser Stelle nicht verschwiegen – machen alles ganz anders. Da werden die Pilze als ganze Stücke auf Fäden gezogen und im Wind getrocknet. Ich kenne jedoch niemanden in unseren Breiten, dem die Nachahmung Freude und innere Zufriedenheit beschert hätte. In den meisten der Fälle müssen wir uns dann mit Schimmel und Insektenbefall herumplagen.

Die Trockenware in einem gut verschließbaren Glas aufbewahren. Und wenn das Glas wirklich gut und verschließbar ist, kennt die Verwendung kaum Grenzen in Raum und Zeit. Kleiner Tip zum Schluß von Pilzkenner Markus Wolf: zum Regenerieren empfiehlt er das Einweichen in lauwarmer Milch, zwei bis drei Stunden, je nach Größe und Menge. So, und jetzt ab zum Spielplatz, Nachschlag holen.

Zauberpulver

Filziger Milchling

Lactarius helvus

Das ist auch so ein Kandidat, dem gerne Ungenießbarkeit unterstellt wird. Und doch ist sein Geschmack, richtig genutzt, von seltenem und seltsamem Reiz. Wie der Steinpilz *(Boletus edulis)* muß er zuvor dehydriert werden, um seinen Reichtum voll entfalten zu können. Und wer um die Vorzüge des Filzigen Milchlings weiß, der auch die Pseudonyme Maggipilz und Bruchreizker (wegen der Nachahmung) führt, der nimmt die Mühsalen des Findens, Sammelns und Aufbereitens und nicht zuletzt des Trocknens ohne Murren auf sich. Das aus dem Fungarium gewonnene Pulver (egal ob im Mörser oder in der Küchenmühle) ist sodann luftfest zu verschließen und feuerdicht in ständiger Reichweite zu deponieren.

Wenn wir nicht durch Zufall auf einen der frechen Doppelgänger hereingefallen sind, die entfernt ähnlich riechen, oder die Würmer wieder einmal – wie so oft – vor uns da waren, dann haben wir mit dem Zauberpulver in etwa das, was dem Erfinder des Brühwürfels vorgeschwebt haben muß.

Und Verwechslungen können sehr leicht auftreten. In erster Linie der Kampfermilchling *(Lactarius camphoratus)* tut sich mit doppelgängerischen Qualitäten hervor. Das führt so weit, daß er die gleichen pilzsoziologischen Interessen verfolgt, die gleichen »Plätze« okkupiert, ja keinen Platz mehr für Filzige Milchlinge läßt und evolutionär ein fast identisches Design kreieren konnte. Beide sind sie gelbrötlich bis graurötlich getönt, beide sind sie Blätterpilze. Bis hinein in die Elysien des Duftes reichen des Kampfermilchlings verwerfliche Urheberrechtsverletzungen, so daß ihn heutzutage niemand mehr an einem Kampfergeruch erkennen kann. Nur eines hat er noch nicht geschafft: sich in seiner Milchproduktion zu bescheiden. In der Übertreibung verspüren wir sofort den profanen Hauch des Nachahmers. Der Kampfermilchling »milcht« beim Aufbrechen extensiv, bitter und weißlich. Sein Vorbild geht sparsam mit der obendrein milden und klaren Flüssigkeit um.

Generationen an Tüftlern haben versucht, es dem Kampfermilchling gleichzutun, sich dem Filzigen Milchling anzunähern, mit naturidentischen Aromen, mit Geschmackslautsprechern, all dem Kram – alle sind sie kläglich gescheitert. Selbst die bekannte, nach dem volkstümlichsten seiner Pseudonyme benannte Firma. Und beim Sammeln fallen die Unwissenden nur zu oft auf den Doppelgänger herein. Man möchte da kein Mitleid haben.

Wir, von Haus aus keine Temperenzler, schwelgen, solange unser Vorrat reicht. Das weichgekochte Hühnerei, ein frisches Mischbrot mit Butter, jedwede Brühe, sogar beziehungsweise gerade der Gemeine Schweinebraten werden mit diesem Zauberpulver in einer Weise attribuiert, die glänzende Spuren auf unserem Antlitz hinterläßt. Kein Wunder, daß uns die Freunde für frisch verliebt halten.

Die beste Ölung

Bereifter Röhrling

Xerocomus pruinatus

Es verlangt keine größere Anstrengung, um nach regnerischen Frühherbstnächten am Laubwaldrand der Ausbreitung einer Epidemie von Bereiften Röhrlingen beizuwohnen. Das geht nämlich derart rasch, daß man beim Wachsen wirklich zuschauen kann. Um so erstaunlicher ist, daß sie samt und sonders gleich aussehen. Wie geklont.

Die Stiele des Bereiften Röhrlings schimmern grüngelb, und die Käppchen sind mit dunkelgrünem Samt bezogen. Darüber hinaus ist ihnen eine smartiesgroße sogenannte Fraßstelle leicht seitlich vom Hutscheitelpunkt beigebracht, die an den Rändern beziehungsweise überall da, wo der Samtbezug aufplatzt, wunderbar rötliche Reflexe zeigt. So könnten Ziegenlippen *(Xerocomus subtomentosus)* und Rotfußröhrlinge *(Xerocomus chrysenteron)* aussehen, wenn sie sich ein bißchen mehr Mühe geben würden. Aber man wächst in diesen Kreisen lieber uninspiriert dahin. Es lohnt, noch eine halbe Stunde zu warten, damit die Fruchtkörper des Bereiften Röhrlings die verarbeitungstaugliche Mindestgröße erreichen. Und die Geduld wird belohnt. Man hält das schlicht für ein Wunder.

Doch wie alle wahren Wunder dieser Welt ist die Pracht der Bereiften Röhrlinge nicht von Dauer. Eine neben dem Trocknen zweite exzellente Möglichkeit, die in den Pilzfasern eingefangene Göttlichkeit wenigstens für einen nennenswerten Bruchteil der Ewigkeit zu sichern, ist die Konservierung in Öl. Naturgemäß gehen hier die Ansichten himmelweit auseinander. Der Anfänger in Pilzöldingen macht die besten Erfahrungen, wenn er ein geschmacksneutrales Pflanzenöl zur Grundlage nimmt. Sagen wir Sonnenblumenöl. Jetzt gibt es zwei Möglichkeiten. Entweder kocht man frische Bereifte Röhrlinge fünf Minuten in einem schwachen Essigsud auf, gießt ab und gibt sie dem Öl zu.

Man sollte den Fruchtkörpern für diesen Vorgang nicht mehr als vierzehn Tage Zeit lassen, sie vorsichtig aus dem Öl entfernen und für die nächstbeste Sauce vertun. Oder, und nun folgt zweitens, die Bereiften Röhrlinge werden getrocknet, danach wieder in etwas Weißweinessig eingeweicht und mit Öl angesetzt. Wichtig ist nur, daß es nicht zuviel Essig ist. Auch hier würde ich empfehlen, die Pilze vierzehn Tage nach dem Ansetzen aus dem Öl zu entfernen. Es ist schon vorgekommen, daß die Pilze mit der Zeit eine kleine Schimmelpelerine überstreifen. Die Zweikomponentenemulsion aus Öl und braunem Pilzessigextrakt vor dem Gebrauch aufschütteln und Fleischlappen damit marinieren, einen knackigen Salat um den Gemüseverstand bringen oder zu grillende Pilzhüte einpinseln.

Variante Zwei B verlangt indessen allein die getrockneten Pilze im Öl zu baden. Das macht bitte nur, wer sich mit dem Essig partout nicht anfreunden will. Fortgeschrittene wagen Variante Eins bald mit einem milderen Olivenöl. Auch der Beimengung von passenden Kräutern (Thymian, Rosmarin) und auch Knoblauchzehen muß meinerseits energisch zugeraten werden. Da entwickelt jeder seine eigenen Präferenzen. Die erweiterte Variante Eins (mit Sternchen sozusagen) wäre, Bereifte Röhrlinge mit den genannten Spezereien im Essigsud fünf Minuten aufzukochen und abgetropft in das feinste zur Verfügung stehende Öl zu versenken. Mindestlagerzeit ein Monat. Bereits nach wenigen Stunden erklimmt der Bereifte Röhrling eine weitere Dimension im Sinn seines klug erwählten Namens: Vor allem um die Käppchen legt sich eine schimmernde Aureole, die, im rechten Licht betrachtet, fast als durchsichtiges Gold bezeichnet werden darf. Man hält auch das schlicht für ein Wunder.

Damit kein verzerrter Eindruck entsteht, sei angemerkt, daß sich neben den Bereiften Röhrlingen besonders Maronen *(Xerocomus badius)* und Steinpilze *(Boletus edulis)* um Fensterplätze in einem Ölglas bewerben; interessante Ergebnisse versprechen auch Spitzmorcheln *(Morchella conica)*, Herbsttrompeten *(Craterellus cornucopioides)* und sogar Knollige Anisegerlinge *(Agaricus essettei)*.

Edle Waldritter

Grünling

Tricholoma equestre

Ein richtig tolles Kilogramm kleiner, fester Grünlinge liegt auf dem Küchentisch, niemand kann sie uns mehr wegnehmen. Nur die Natur selber. Es besteht Handlungsbedarf.

Sauer Einlegen ist, neben dem Trocknen und dem Einölen, die mit Abstand drittbeste Methode, den ephemeren Geist dieses Pilzes bei Laune zu halten. Und Grünlinge mit ihrem, typischen Ritterlingsaroma scheinen extra dafür zu wachsen. Denn einfach nur gebraten, wäre der vermittelte Distinktionsgewinn begrenzt, praktisch Null.

Strenggenommen heißt er Echter Ritterling – man darf auch Edelritterling zu ihm sagen –, und sein Habitat sind Kiefern und der aufgeweichte Sandboden. Dort entfaltet er mit Vorliebe seinen fast ampelgelben Thallus. Wenn er besonders gut aufgelegt ist, präsentiert er sich von oben bis unten in der Farbe milden Olivenöls, da macht er keine Unterschiede in Sachen Hut, Lamellen oder Stiel. Wie der Violette Rötelritterling *(Lepista nuda)*. Außerdem ist er, unter pilzsoziologischen Aspekten betrachtet, ein ausgesprochen sympathischer Zeitgenosse. Er genießt die knappe Zeit mit seinesgleichen und richtet es ein, daß die interfungische Kommunikation nicht an allzu großen Entfernungen von- und zueinander scheitert. Mit anderen Worten: Der Grünling ist ein Massenpilz, wie er im Buch steht. Und er legt Wert darauf, daß alle Exemplare einer Fundstelle geerntet werden. Man will schließlich so lange wie möglich beisammenbleiben. Dieser Kollektivwahn ist dem Echten Ritterling leider mit der Zeit zum Verhängnis geworden, was zur Folge hat, daß er heute zu den bedrohten Arten gehört.

Wir verdrängen daher sorgenvollen Herzens die Erinnerung an das unbequeme Reinigen. Pilze der Sandregionen haben einen entscheidenden Nachteil: Sand kommt nahezu überallhin und will dort bleiben. Ein flüchtiges und trügerisches Glück für den Sand. Wie viele Sammler werden schon ihre Geduld verloren und die unfertig gesäuberten Pilze aus lauter Verzweiflung gegen die Wand geschmettert haben. Niemand vermag es zu sagen. Das führt so weit, daß nur ihre Hüte abgeschnitten werden. Der Grünling fordert dieses Schicksal geradezu heraus, und selbst wenn er nach unseren Vorstellungen akzeptabel entsandet ist, knirscht es beim Verzehr so penetrant, daß sowohl dem Pilz als auch unserem Dasein Fluch und Verdammnis drohen.

Nehmen wir aber mal den Idealfall an: Unsere Grünlinge sind fest, relativ trocken, wurm- und sandfrei. Das Kilogramm bitte in einem großen Sieb gründlich abbrausen und in sparsam gesalzenem Wasser fünf Minuten kochen, wieder ins Sieb und abtropfen lassen. Im nächsten Arbeitsgang muß ein Sud hergestellt werden aus einem halben Liter allerbesten Leitungswassers, zwei bis vier hübschen kleinen Zwiebeln, zwei Lorbeerblättern, zwei bis drei Eßlöffeln Senfsaat, acht bis zehn Pfefferkörnern, je einem Eßlöffel Meersalz und Zucker, einem Thymianzweig und, nach Geschmack, fünfprozentigem Weinessig. Hier besser etwas mehr als nötig. Mit diesem herrlichen Sud die Grünlinge zehn Minuten kochen. Dann gleich in die rein zufällig bereitgestellten Schraubgläser füllen und verschlossen eine Viertelstunde bei mindestens achtzig Grad Celsius pasteurisieren. Auch sollten wir nicht vergessen, Extrawünsche einzelner Grünlinge zu berücksichtigen, weil der eine ausgerechnet nur mit dem oder dem Kollegen in ein Glas will oder mit diesem oder jenem überhaupt beziehungsweise nicht ganz so gut kann. Die somit verrichtete gute Tat vermerken wir in unserem Tagebuch und achten bitte mit Luchsaugen darauf, daß sich keiner vorzeitig daran vergreift. Allein der Anblick ist verführerisch, ich weiß. Aber ich weiß auch, wie schnell ein Glas achtlos oder im Heißhunger leergelöffelt ist.

Das kostbare Gut trotzt übrigens längere Zeit den überlieferten Naturgesetzen und dekoriert bescheidene Ecken der Küche auf anspruchsvollstem Niveau. Sogar nach einem Jahr kann man den Genuß bedenkenlos empfehlen. Aber da gibt es ja wieder Nachschub.

Der ewige Begleiter

Sandröhrling

Suillus variegatus

Der Sandröhrling ist nicht gerade der Star unter den Speisepilzen, sein Eigengeschmack tendiert gegen Null, und manche Autoren finden ihn sogar »langweilig«. Man unterstellt ihm Chlorgeruch und die entfernte Verwandtschaft zum Kuhröhrling *(Suillus bovinus)*. Schwer zu sagen, ob es sich um eine gewissenlose Kampagne über ihre Standortvorteile und -vorurteile besorgter anderer Röhrlinge handelt. Rotfußröhrlinge *(Xerocomus chrysenteron)* und Ziegenlippen *(Xerocomus subtomentosus)* betreiben aggressive Lobbyarbeit. Der Sandröhrling scheint ubiquitär. Eine Eigenschaft, die er mit seinen Konkurrenten und Kritikern gemein hat, und doch ist er kein Massenpilz. Mehr ein Begleitpilz. Suche ich Maronen *(Xerocomus badius)*, was finde ich zuerst an der ausgewiesenen Maronenstelle? Sandröhrlinge. Butterpilze *(Suillus luteus)*, Goldgelbe Lärchenröhrlinge *(Suillus grevillei)* erwünscht? Wer drängelt sich herbei? Der Sandröhrling. In einzelnen Fällen geschieht das sogar beim Steinpilzfang *(Boletus edulis)*. Vorschnelle Urteile sind nach so viel Aufdringlichkeit schnell bei der Hand.

Aber niemand wachte eines klaren Morgens auf und riefe: »Heute suche ich Sandröhrlinge!« Das gilt als gesichert und wäre jenseits der Vorstellungswelt erprobter Pilzsammler.

Über seine Gestalt ist keineswegs zu klagen. Sehr kompakt, fast gedrungen, mit den obligatorischen Eigenschaften besserer Röhrlinge ausgestattet. Mag sein, daß es manchen stört, wenn Hut und Stiel dieselbe Farbe haben. Ich finde das kleinlich. Schon allein, wenn es sich um ein warmes Ockergelb handelt, welches bei Luftzutritt oder leichtem Druck freundlich erblaut. Das olivgraubraune Röhrenfutter wirkt fest und sympathisch, und der stopfpilzähnliche Hut wäre sicher mal eine ausführlichere Betrachtung wert. Fehlte nur ein angenehmer Geschmack.

Ich möchte mich den Despektierlichkeiten zum Sandröhrling nun keineswegs anschließen, aber ein geeignetes Rezept, das seine schwächelnden Charakteristika etwas katalysieren wollte, habe ich auch nicht gefunden. Bleibt das Einkochen für den Winter, die unsicherste und aromazerstörerischste Konservierungsform. Ich hoffe, ich tue dem Sandröhrling nicht unrecht, wenn ich behaupte, er könne kaum dabei verlieren. Am praktischsten sind Omis Weckgläser und ein Satz neuer Gummiringe dafür. Gläser samt Deckel und Gummis auskochen und bereithalten.

Nach diversen Rückschlägen bin ich mit den Pilzen übereingekommen, daß ich nur kleine, insektenfreie Exemplare verwende. Immer, wenn es sich anbietet, im ganzen Stück. Sie werden mit wenig Wasser angesetzt, leicht gesalzen und so lange gekocht, bis die meiste Feuchtigkeit aus den Fruchtkörpern gewichen ist. Dann sind sie auch gar. Wer nachlässig bei der Wurmkontrolle war und gute Augen hat, sieht nun die kleinen Leichen oben schwimmen. Wer schlechte Augen hat, sieht sie erst, wenn es zu spät ist, auf dem Boden des Einweckglases. Für alle Fälle sollten jetzt drei bis vier Kellen Speiseöl hineingelöffelt werden. Manche Kollegen neigen auch zur Gewürz- und Kräutergabe, doch das schränkt die späteren Einsatzmöglichkeiten ein. Bleiben wir lieber bei Salz und Fett. Warum? Wir sollten es uns so einfach, den Bakterien und dem Sauerstoff so schwer wie möglich machen. Darum.

Die Einkochgläser zu sieben Achteln füllen (die Gasblase darf nicht zu groß sein), Gummiring drauf, mit dem Deckel verschließen, zuklemmen und im Wasserbad fünfzehn Minuten bei fünfundachtzig Grad Celsius »einwecken«. Den Vorgang einen halben Tag später wiederholen. Nach dem Abkühlen halten die Gläser dicht und bleiben es hoffentlich auch. Kühl und dunkel aufbewahren. Die eingekochten Sandröhrlinge lassen sich sogar nach einem Jahr problemlos verbraten und sind sicher für viele Bedürftige im Winter ein weiches Trostpflaster. Wir, die wir Pilze das ganze Jahr über finden, bedürfen ihrer nicht. Doch den Tip wollen wir wenigstens gegeben haben.

Skelettierte Rudimente

Grüngefelderter Täubling

Russula virescens

Wie bei allen anderen Gerichten, gelingt auch hier alles bestens, wenn wir alles ordentlich vorbereiten und alle Zutaten rechtzeitig zur Hand haben. Für diese Lasagne empfiehlt sich der Grüngefelderte Täubling nicht nur, weil er als der schmackhafteste unter den Täublingen gelten muß (vor dem Frauentäubling), sondern weil er auch die nötige Konsistenz und, wenn wir so penibel sein wollen, das erforderliche Geschmacksprofil Punkt für Punkt gratis mitliefert.

Die Täublinge – ihre Menge schwankt je nach Wassergehalt zwischen fünfhundert und sechshundert Gramm – werden nach dem Putzen möglichst klein gehäckselt und mit einer ebenso behandelten Zwiebel in Olivenöl soutiert, bis die Pilzflüssigkeit verdampft ist. Die Pilze schreien jetzt engagiert nach einer Hundertgrammdose Tomatenmark, einer zerdrückten Knoblauchzehe, einem spitzzackigen Lorbeerblatt und einem anmutig geschwungenen Teelöffel frischem Oregano. Kurz durchköcheln und erst dann einen beherzten Schluck trockenen Rotwein trinken. Die gleiche Menge ins Kasserol zur Pilztunke. Eine den Täublingen großzügig entsprechende Quantität frischen Spinat reinigen, Stiele abzupfen und in wenig Olivenöl implodieren lassen. Auch hier muß unbedingt eine Knoblauchzehe ran, aber nur für die gestrenge Anwesenheitsliste. Ferner werden einhundertfünfzig Gramm milder Schafskäse und elf Basilikumblätter verheizt. Die Restwärme der Herdplatte reicht nämlich bestens, um den Käse dahinschmelzen zu lassen. Hauptsache, der Spinat bekommt nicht die Farbe, nach dem das verwendete Öl benannt ist.

Eine rechteckige Backform wird mit Öl ausgemalt, eine Lage Täublingstunke verfüllt, darüber die Lasagneblätter gebettet, dann eine Lage Spinat, dann wieder Lasagneblätter, dann wieder Täublingstunke. Im günstigsten Fall ergeben die Zutaten insgesamt sieben Schichten. Optimal wäre, wenn mit den Pilzen abgeschlossen würde. Gut, daß der Salzstreuer heute verstopft ist – wir präferieren frisch geriebenen Grana Padano zum Würzen und versiegeln. Da wir klugerweise Lasagneblätter verwandt haben, die nicht sonderlich eingeweicht werden mußten, ist unsere Lasagne nach dreißig Minuten bei einhundertvierzig Grad Celsius fix und fertig. Vom Wein ist auch gerade so viel übrig, daß es zum Anstoßen reicht.

Klingt alles geziemend schön und appetitanregend, allein, den Grüngefelderten Täubling findet man seltener in hiesigen Breiten als Goldnuggets auf offener Spielstraße, und wenn, dann höchstens als vormals stattliches Einzelexemplar, ruinös und kurz vor dem Einsturz. Die Nacktschnekken nebenan im Heidekraut halten sich vor Schadenfreude die schamlos bis ans Luftloch vollgeknabberten Bäuche und formen mit ihren Fühlern obszöne Zeichen.

Sie kennen keine Skrupel, auch bei gefährdeten Arten wie dem Grüngefelderten Täubling nicht. Zunächst verspeisen sie – nachdem sie den kräftigen Stiel konspirativ per Räuberleiter emporgehangelt sind – die sahnigen Blätter. Damit nicht genug, wird gleich der Hut okkupiert und konzentrisch abgefräst. Es wurde verschiedenerseits beobachtet, daß sie die warzigen Noppen, die durch das Aufreißen auf der Huthaut entstehen, in Reserve halten beziehungsweise aufs Moos werfen und anschließend als Dessert genießen. Nachprüfen konnten wir das bisher nicht, aber zuzutrauen wäre es diesen Schlingeln. Binnen kurzem ist von der meergrünen Pracht aber auch gar nichts mehr zu erblicken. Ein skelettiertes Rudiment lassen sie eigens stehen, damit wir uns wenigstens ordentlich ärgern können.

Für unsere Lasagne bliebe die laue Substitution mit irgendeinem anderen Täubling, dem lichtroten Speisetäubling unter Umständen, der den Gerüchten nach soo schlecht auch wieder nicht sein soll. Aber eben auch nicht soo gut wie der Grüngefelderte. Lassen wir die Sache lieber sein und begnügen uns mit dem Traum einer solchen Lasagne und zum Trost mit einer ganz realen zweiten Flasche Roten.

Kaiserling light

Rotbrauner Scheidenstreifling

Amanita fulva

Stundenlang haben wir im lokomotorischen Taumel sämtliche Reviere im ganzen Pegnitztal ergebnislos durchkämmt, Schongebiete gierig durchstreift, im Moos gestochert, jedes Blatt, jede Kiefern-, jede Fichtennadel einzeln umgewendet, selbst die Wegränder geduldig mit der Lupe abgesucht. Von den für heute vorgesehenen Maronen *(Xerocomus badius)*, Goldgelben Lärchenröhrlingen *(Suillus grevilleï)* und Steinpilzen *(Boletus edulis)* keine Spur. Nichts. Rein gar nichts. Nicht mal Perlpilze *(Amanita rubescens)*. Fast wollten wir eine Wutzigarette abfackeln.

Hätten wir in unserer Ignoranz wenigstens die Rotbraunen Scheidenstreiflinge aufgelesen, unser Körbchen wäre prallvoll. Rehbraun glänzende Glockenhüte, hie und da ein vergessener Velumkrümel draufgestreuselt, vom hohlen, oft moccasahnefarbigen Stiel bräuchten wir lediglich die obere Hälfte. Zu seinen besten Momenten ähnelt er entfernt einer Sparversion des Kaiserlings *(Amanita caesarea)*. Nur entfernt.

Aber nein, die hochnäsigen Damen und Herren Boletus-Sammler haben ihren Stolz. Denn dieser fragilen Erscheinung kommt ihrer Ansicht nach höchstens eine einzige Eigenschaft zu, nämlich nur dort und dann zu fruktifizieren, wo und wenn keiner ihrer »richtigen« Pilzkollegen Lust dazu verspürt. Das ist in höchstem Maß unzutreffend und eine handfeste Beleidigung. Rotbraune Scheidenstreiflinge betreiben fast immer und überall Ontogenese. Nur übersieht man sie beziehungsweise will man sie übersehen. Findet man nichts, ist das Klagen groß: »Ach, hätten wir nur ...« Und selbst dann heben sich kleinliche Stimmen, die dem Rotbraunen Scheidenstreifling dezidierte Mischpilzqualitäten zusprechen. Das ist nicht nur töricht, sondern eine weitere handfeste Beleidigung.

Doch es gibt Gegenmittel. Schon die wenig aufwendigen Frühlingsrollen mit Rotbraunen Scheidenstreiflingen belehren verstockteste Skeptiker eines besseren. Damit da endlich Ruhe ist:

Die Scheidenstreiflinge putzen, mit Sojasauce, etwas Zitronengras und einer halben kleinen Knoblauchzehe würzen, dann bei moderater Wärmezufuhr in Erdnußöl bräunen. Da der Pilz extrem wasserhaltig ist, nimmt das enorme Zeit in Anspruch, das berücksichtigen wir bei unseren Planungen. Aber es ist ja keine vertane Zeit. Wir können sie zum Überlegen nutzen. Ob wir dem Rotbraunen Scheidenstreifling nicht seit jeher unrecht getan haben. Und ob wir nicht vielleicht doch eine Handvoll grüner Erbsen oder auch Sojasprossen zugeben sollten. Kann in keinem Fall schaden. Auch der Reiswein zum Ablöschen will kurz getestet sein. Aber wir schweifen ab.

Die Pilze sind nach fünfzehn bis zwanzig Minuten braun und glitzern uns verschmitzt an. Wir pulen die Zitronengrashalme heraus, postieren jeweils einen Eßlöffel Scheidenstreiflinge auf eingeweichtem Reispapier, wickeln zu und backen im Erdnußöl vollends aus. Und wir halten bitte die Familienmitglieder davon ab, unfertige Frühlingsrollen aus dem Topf zu fischen. Zum vollendeten Genuß gehört nämlich unendliche Geduld.

Böhmische Stockschwämmchensuppe

Stockschwämmchen
Kuehneromyces mutabilis

Wem in einer langsam gemütlicher werdenden oder in einer langsam ungemütlicher werdenden Jahreszeit der geplagte Sinn nach herzenswärmender Speise steht, dem fällt sofort, das ist ja logisch, die Böhmische Stockschwämmchensuppe ein. Dank der modernen Kritischen Pilztheorie verfiele kein vernünftiger Mensch mehr auf den unsinnigen Gedanken, diese Pilze an einen Bratbrei zu verschwenden. Zu zierlich ihre Erscheinung, nahezu virgin ihr strahlend klares Wesen, welches man sich ideal nur schwerelos in einer ebenso klaren Brühe schwebend vorstellen kann und darf.

Sogar der Großstädter kann mit etwas Fortune in den Parks um diese sechstausend Dezibel laut verfluchte naßkühle Oktober-Zeit den einen oder anderen Großcoup landen. Die unscheinbaren Stockschwämmchen wachsen bevorzugt, dafür massenhaft an Baumstümpfen. Aus respektvoll gewahrtem Abstand denkt man, die Natur habe einen rührenden Feldversuch gestartet, Werther's Echte Karamelbonbons nachzuempfinden, und will jetzt abwarten, ob wir darauf hereinfielen. Den Gefallen tun wir ihr gerne.

Natürlich sind sie dadurch optisch leicht von den ebenso ubiquitären, hingegen gnadenlos verbitterten Grünblättrigen Schwefelköpfen *(Hypholoma fasciculare)* zu unterscheiden. Notfalls hilft eine sensorische Prüfung weiter. Merke: Stockschwämmchen hellnougatbraun und hmm, Schwefelköpfe schwefelgelb und pfui.

Für unsere Suppe benötigen wir ein Nudelsieb voll juveniler Stockschwämmchen, deren Hüte bitte gerundet (glockig) sein sollten. Deren holzige Stiele haben wir klugerweise abgeschnitten. Die fix mit kaltem Wasser abgebrauste Rohware wandert in einen Topf, in dem bereits eine Streichholzschachtel aus Butter zerlaufen ist und mit ein paar Krümeln frisch gemahlenen schwarzen Pfeffers engere Bekanntschaft gemacht hat. Richtig schmoren, fünfzehn Minuten etwa. Die Pilze verströmen dabei einen charakteristischen Duft, den wir niemals wieder aus unserer Nase verbannen wollen. Nein, »können« wäre das bessere Wort. Kaum ist das Schmoren zur allgemeinen Zufriedenheit werkstellig gemacht, füllen wir mit einem Liter klarsten Leitungswassers auf und geben die Kleinteile zweier zerschnipselter Karotten hinzu, eine geschälte, halbierte Zwiebel (mittelgroß), item zween Zweiglein Liebstöckel. Irgendwann kocht das, und nach zehn Minuten empfiehlt sich die Beigabe der Nudeleinlage, am besten kurze Fadennudeln. Schon nach weiteren sieben Minuten haben wir die Bescherung – ach so, Messerspitze Schnittlauch drüber –, eine lukullische Darbietung von tosender Singularität, die andererseits in ihrem verfahrenstechnischen Minimalismus allenfalls von Tütensuppen unterboten wird. Machen wir jedoch bitte nie den Fehler und verwenden Zuchtstockschwämmchen! Die sind nur geschaffen für die Verehrer des Seifengeschmacks. Wer einmal richtige Stockschwämmchen gefangen hat, der wird sich in jedem Supermarkt ein verächtliches Pah! am Regal mit verglasten Stockschwammkonserven kaum verkneifen können.

Bevor wir nun beherzt reinschaufeln, stellen wir uns abschließend bitte folgende Kontrollfrage: Haben wir Salz und Brühwürfel zur geschmacklichen Frontbegradigung benötigt? Wenn wir das ruhigen Gewissens verneinen können, haben wir alles richtig gemacht.

Und das wiederum ist gar nicht so einfach.

The making of schmackhaftes Pilzgericht

Weißer Anisegerling
Agaricus arvensis

Der Weiße Anisegerling ist, die Leser wissen das, in seinem Geschmack ziemlich unerreicht. Wir haben das einerseits einem angeborenen Ehrfurchtskomplex gegenüber allen eßbaren Egerlingen zu verdanken, andererseits der domestizierten Gummivariante, die jeden Supermarkt verschandelt. Der Kontrast könnte größer nicht sein. Das mit den giftigen und ungenießbaren Egerlingen ist gar nicht weit hergeholt, man probiere es nur einmal mit dem Karbolegerling *(Agaricus xanthodermus)*, der die gleichen Reviere besetzt wie der Wiesenegerling und – weil zum Verwechseln ähnlich – automatisch mit in den Sammelkorb wandert. In der Pfanne jedoch kommt es zum Offenbarungseid. Der tintige Geruch und der alles andere als delikate Geschmack machen uns grübeln und schimpfen über den sensorischen Niedergang heimischer Pilzarten im Allgemeinen oder den Niedergang unserer Sinnesorgane im Besonderen.

Besser ist es in jedem Fall, dem Weißen Anisegerling aufzulauern, der die Nadelwaldperipherien nach Belieben mit weiß-gelblichen Akzenten aufwertet und untrügliches Gespür für die angemessene Menge beweist. Nie haben wir mehr gefunden, als für ein gepflegtes Mahl erforderlich wäre. Stehen dann doch einmal zwei Pilze mehr an der bewußten Stelle, dann sind sie wurmig und signalisieren, daß die essentielle Frage der Nachkommenschaft bitte auch beachtet und gründlich geklärt werden möge, daß Bescheidenheit und nicht Völlerei den Pilzverzehr überschatten sollten. Von Sattmachen sollte niemals wieder die Rede sein.

Die matt weiß kaschierten Hüte öffnen sich bald; typische Anlauffarbe ist Gelb, wenn man ihn zu hart rannimmt oder an ihm herumschnipselt. Die jungen Lamellen wollen sparschweinrosa bleiben, müssen bald bräunliche Einfärbungen erdulden, bis sie endlich deep purple werden.

Der Anis- und Mandelduft bleibt jedoch und die Schmuckmanschette am schwachknolligen Stiel auch.

Soviel Gravität verlangt entsprechend gepflegte Manieren des Sammlers, sodann oberste Sorgfalt bei der Zubereitung und Verstand beim Genießen. Anisegerlinge müssen an Ort und Stelle sofort peinlichst geputzt werden. Zärtlichste Behandlung und schmeichelndes Zureden verstehen sich von selber. Ein passender, mit Luftlöchern versehener Karton, mit etwas Watte ausgepolstert, ist die optimale Transportmöglichkeit. Wir vermeiden heftige Stöße, ruckartige Bewegungen und allzu überschwengliche verbale Daseinsvergewisserungen. Daheim ist die Küche behutsam auf zweiundzwanzig Grad Celsius gewärmt, damit die Anisegerlinge einen Vorgeschmack auf menschliche Herzenswärme erlangen. Messer, Eisenpfanne, Porzellanschüssel, Weißweinessig, Butter, Meersalz und Pfeffer liegen in nämlicher Temperatur bereit. Am besten ist, wenn wir diese Anwärmung über die letzten vierundzwanzig Stunden Schritt für Schritt vorgenommen haben.

Die erbeuteten Pilze werden mit dem superscharfen Messer in feine Plättchen tranchiert und in der Porzellanschüssel auf Bereitschaft gehalten. Unterdessen haben wir das linke vordere Kochfeld für Eisenpfannen mit Bodendurchmesser Zwanzig auf Drei gewurzelt und nach einer Viertelminute auf Einskommafünf reduziert. Mit der Pfanne obendrauf. Die Butter schmilzt bedächtig und trifft sich mit dem frisch gemahlenen Schwarzen Pfeffer, der keinesfalls eine größere Körnung als zwei Millimeter haben sollte. Wir beachten den optimalen Einschüttwinkel von sechsunddreißig Grad und berücksichtigen auch Sonneneinstrahlung und Luftfeuchtigkeit. Aber die beiden kennen sich noch vom Stockschwämmchenrezept und machen sonst keine Zicken. Mit Spannung verfolgen wir das Verdampfen der Butterflüssigkeit und das gelinde Anrösten des Pfeffers. Zwei Sekunden bevor die Butter anfängt zu bräunen, geben wir die Egerlinge hinzu und rühren mit dem möglichst vorher nie benutzten Holzlöffel im Uhrzeigersinn so akkurat, daß die Pilzscheiben nicht festbacken. Um ihnen einen Mindestgrad an Sicherheit, Seelenverwandtschaft und auch Pilzzubereitungsroutine zu signalisieren, darf die linke Hand dabei lässig in der Hosentasche ruhen.

Nun tritt da die Pilzflüssigkeit aus und verleiht dem Pfanneninhalt vorübergehend eine suppige Konsistenz. Keine Panik. Das wird anders. Für die Farbe engagieren wir einen Eßlöffel Weißweinessig, denn die pH-Wert-Senkung verhindert wundersam das Grauen unserer Egerlinge und justiert sie in einem luftigen und sonnigen Karamelbraun. Unseren geübten Augen entgeht keineswegs, daß nach zirka sieben Minuten in der Flüssigkeit der Fettgehalt die Überhand gewinnt. Atemfrequenz beibehalten. Besonnen drehen wir die Kochplatte auf Eins und rühren abermals zärtlich im Uhrzeigersinn, bis wir davon ausgehen können, daß nun das eigentliche Braten einsetzen würde.

Würde, genau. Die kaum in Worte zu kleidende Würde dieser Pilze erfährt astreine Satisfaktion, wenn sie nicht gebraten werden. Mit einer verwegenen Handbewegung drehen wir die Hitzezufuhr auf Null. Mit der linken Hand bröseln wir gegen den Uhrzeigersinn das Meersalz aus der soeben erst erbrochenen Packung über die Pilze und pflügen rechtshändig mit dem Holzspatel nachfolgend unter. Ebenfalls gegen den Uhrzeigersinn. So lange, bis die Pilze ihre Ausgangsstellung wieder eingenommen haben. Ein kluger und mitdenkender Assistent hat längst die Teller in der Backröhre vorgewärmt und hält sie auf die Zehntelsekunde exakt entgegen, wenn dieser Zustand erreicht ist.

Danach wird sich hingesetzt, die Atemfrequenz leicht, wirklich nur leicht erhöht und die Speise in ästhetisch ansprechendem und trotzdem der allfälligen Zweckmäßigkeit gehorchendem Bogen zum Mund geführt. Nach jedem Happen ist es angebracht, Betrachtungen über das Allgemeine und das Besondere am Beispiel des Anisegerling-Geschmacks anzustellen und diese Überlegungen mit gedämpften Ah!-, Oh!- und Hm-Lauten zu illustrieren.

So einfach ist das Zubereiten und Genießen von Weißen Anisegerlingen.

Ein Festival der Farben

Amethystblauer Lacktrichterling

Laccaria amethystina

Der Weltenlauf hat es erlaubt, daß ich mich freiberuflich den Belangen des Nahrungserwerbs widmen darf, mit dem Vorteil, daß der Haushalt inklusive Aufzucht seines Vorstandes (vier Jahre, weiblich) tagsüber im wesentlichen in meinen Zuständigkeitsbereich fällt.

Nun sind Kinder, wie es heißt, eine schöne Sache. Verwandte, Freunde und ehemalige Mitschüler werden nicht müde, die Segnungen des Nachwuchses zu preisen, und geizen nicht mit unpraktischen Ratschlägen.

Freilich darf man jetzt, mit dem Kind unterwegs, schon mal sein Geld vergessen haben oder das, was man überhaupt einkaufen wollte; nachsichtige und mitfühlende Mienen der Verkäuferinnen gleiten auch über meine Kleidung, an der man ohne Schwierigkeiten den Speiseplan des Winzlings (zum Beispiel Erbsenküßchen mit Amethystblauen Lacktrichterlingen) erkennen kann, die aber jeden anderen Mann dem Verdikt »fortgeschrittene Verwahrlosung« ausgeliefert hätte. Automobilisten gewähren aus freien Stücken unserem Fahrradzweierpack die Vorfahrt. Die Welt scheint aus den Fugen.

Seitdem das gute Mädchen aber über die Kenntnis besitzanzeigender Fürwörter verfügt, ist die Sache so einfach nicht mehr. Eben – kurz nach der Deadline – bestellt der Verlag einen Zweiseitenbeitrag über den Amethystblauen Lacktrichterling. Der wüchse doch bei mir im Garten unter der Rotbuche, und die Erbsenküßchen aus gelben Erbsen mit Amethystblauen Lacktrichterlingen und Pinienkernen seien doch auch ein Festival der Farben. Vor allem die eiskugelgroßen Sülztörtchen mit diesen Pilzen, grünen Erbsen und Tomatenwürfelchen drin. Das hätte ich selber gesagt. Da fiele mir bestimmt was ein. Ich hätte doch so oft von ihm geschwärmt, von seinem biskuitplätzchenförmigen Hütchen, seinem filzig-schlanken Beinchen, wie frisch aus einer Zahnpastatube gedrückt ... Am besten bis gestern, möglichst lustig und mit Metaebene. Da verkündet das Kind, den Rest des Tages am Computer malend verbringen zu wollen. Also gut. Plötzlich beziehungsweise nach Stunden anderen Sinnes geworden, muß eine Suppe aus Buntstiften mit Fahrradfeinmechaniköl angerührt werden – die ausgerechnet auf meinen mit waldverherrlichenden Schriften und millionenschweren Pointen bemalten Notizzetteln angerichtet wird.

Das Saubermachen erscheint mir manchmal nicht mehr als ein unzureichend legitimiertes Platzmachen für neuen Unrat. Auch hat sich bereits seit Monaten der gestalterische Schwerpunkt unserer Behausung immer weiter nach oben verlagert, nachdem der Nachwuchs versucht, das Interieur mit eigenen ästhetischen Auffassungen in Einklang zu bringen.

Gerade deutete in schrecklicher Gurgeldiktion bekundeter Unmut darauf, daß er sich zum wiederholten Mal mit *Zettels Traum* angelegt hat, der als allerletztes Printerzeugnis noch einen Ehrenplatz, auf dem Fußboden stehend, genießt.

Eine abrupte Wendung erfahren meine Versuche, den Computer wieder in Gang zu bringen, und darüber zu lächeln, wie oft mir schon die Erbsen übergekocht sind, als stechender Geruch davon Kunde gibt, daß dem Mädchen nun auch die Bedienung des Backofens keine Schwierigkeiten mehr bereitet: Aber gegarter Anorak zählt nicht zu unseren Vorlieben. Das Kleinkind jedoch wischt meine Bedenken mit einem himmlisch anmutenden Lächeln hinweg und kritzelt pilzähnliche Graffiti auf meine Notizen.

Bald kommt die Mutter heim, und wieder ist ein Tag geschafft. Nur nicht der nicht nur alles entscheidende Beitrag zu den Amethystblauen Lacktrichterlingen.

Waldbeleuchtung

Flaschenstäubling
Lycoperdon perlatum

Pilze süß? O Gott! Sofort laufen die Gäste in Scharen davon. Schimpfen und sagen schlechte Wörter. Bringen unsere Existenz mit zweifelhaften Zeugungsformen in Verbindung, stellen die Funktionstüchtigkeit unserer Urteilskraft in Frage oder vermuten noch Schlimmeres. Schade, das müßte gar nicht sein, denn Flaschenstäublinge wuchern an jeder Waldecke, vor allem, wenn man vorher nichts gefunden hat. Wie auf Kommando stecken Millionen mattweiße Glühbirnen (vierzig Watt) im Laub mit weißen Grieskörnern obendrauf und hellen das schwächelnde Herbstlicht der Sonne auf. Kaum, daß man treten kann. Doch bald vergeht die Lichterkettenpracht zu dichtem olivbraunen Sporenstaub. Und wir rätseln, wieviel verlauste Spitzbubenbanden ihren Fluchtweg mit dem Zertreten überreifer Fruchtkörper schon vernebelt haben könnten.

Solange die Pilze innen und außen weiß sind, wären mühelos ganze Heerscharen humanitärer Eingreiftruppen damit zu verköstigen. Auch die Zubereitung ist denkbar simpel: Die Stäublinge zu schnittkäsedünnen Scheibchen verarbeiten und in reichlich zerlassener Butter vergolden. Auf den Desserttellern anrichten und mit Puderzucker bestreuen. Was übrigbleibt, heben wir für diejenigen Gäste und Spitzbuben auf, die, vom betörenden Duft angelockt, reumütig zurückkehren.

Ausgetüftelte Büscheländsthetik

Austernseitling

Pleurotus ostreatus

Entgegen landläufiger Auffassung schmeckt panierter Parasol *(Macrolepiota procera)* selten gut. Mehr wie alter, muffiger Karpfen. Noch seltener sind panierte Parasolhüte für Vegetarier geeignet. Sosehr an dieser Stelle das Panieren als solches verherrlicht werden muß – es ist eine wenn auch vielfach umstrittene Veredlungsform für Bratgüter mit rabiat abgemindertem Eigengeschmack. Junge, flauschige Parasole gehören nicht zu dieser Kategorie. Merke also: Junge Parasole füllen oder knusprig braten, niemals jedoch panieren; alte Parasole dagegen einfach negieren, aus kulinarischer Sicht auf jeden Fall. Denn allein ihr Anblick ist es, der ihre Würde gebührend unterstreicht.

Und so kommt es unweigerlich, daß ein sogenanntes Wiener Schnitzel die denkbar überzeugendste Zubereitungsmöglichkeit für den im Volksmund auch Kalbfleischpilz genannten, ansonsten sensorisch maßlos überschätzten Austernseitling darstellt. Da wird sicher eine Menge in seine Sensorik hineininterpretiert. Wer auf die Idee gekommen war, ihn den Speisepilzen zuzurechnen, wird in der Forschung kontrovers diskutiert. Aber wir kriegen ihn! Keine Angst. – Eßbar kann viel bedeuten. Tatsache ist, daß der panierte Austernseitling sehr nach Panade schmeckt. Beziehungsweise nur.

Seine Exklusivität bezieht der Pilz gewiß aus der Plazierung seiner Fruktifikationstermine. Die hat er nämlich clever aufs Winterhalbjahr gelegt, und wer das Glück hat, ihn manchmal von abgestorbenen, demnächst ins Sägemehllager überwechselnden Weiden- oder Buchenstämmen zu brechen, der ruft laut und vernehmlich: »Juppiduh! Pilz!« Auch an Lebendholz, dreivier Meter über der Erdoberfläche postiert, schaut der Austernseitling weit ins Land, daß man mit Zehenspitzen waghalsig auf den Fahrradsattel balancieren und ihn mit dem nächstbesten Ast abschlagen muß. Wenn er nicht aus reinem Übermut gleich ein paar entscheidende Zentimeter höher rückt. Wer weniger sportlich ist, kauft ihn als Zuchtpilz oder züchtet ihn selber – der Unterschied nimmt sich nicht viel. In abgelegeneren Gegenden, heißt es, wüchsen Austernseitlinge auch an Licht- oder Telefonmasten, und das Servicepersonal wäre überglücklich, wenn es an den gefrorenen Pilzstufen hochkraxeln, eine Lampe problemlos wechseln beziehungsweise die Telefonkabel entknoten oder neu zusammenschnüren könne.

Es ist schon ein fesselnder Anblick. Disziplinierte Lamellen – creme- oder elfenbeingetönt – stützen eine laterale blaugraue bis tiefbraune, am Rand eingerollte Hutmuschel. Sauber abgestimmt erscheint die Anordnung kleinster, mittlerer und größerer Fruchtkörper, mithin eine ausgetüftelte Büscheländsthetik. Für wahre Connaisseurs reicht das.

Und wer Wiener Austernschnitzel unbedingt ausprobieren muß, befreie die gummiartigen Fruchtkörper von den seitlich angewachsenen Stielansätzen und kontrolliere sie nach etwaigen Verschmutzungen. Wurmbefall ist kaum zu befürchten. Die Lamellenseite dezent salzen und ordentlich Pfeffer geben, den Pilz in Mehl und in Hühnerei baden. Dann unverzüglich die Semmelbrösel ankleben. Von jeder Seite fünf Minuten in Butter braten. Mehr ist da nicht zu tun.

Sechsunddreißig Kammern

Spitzmorchel
Morchella conica

Diese Mahlzeit beginnt, wir ahnen es, mit den Vorbereitungen. Klar muß im Vorfeld sein, daß wir die familiösen Schweinereien zu Weihnachten und zu Silvester strikt meiden. Als Neujahrstafel schlage ich daher ein schlichtes Gericht mit einem Pilz vor, dessen Namen wir bitte der Überschrift entnehmen. Wir haben lange gefeiert, für ein Frühstück fehlt der rechte Elan, außerdem möchte etwas die Sinnsuche Erleichterndes ins Werk gerichtet sein.

Bittschön: Zunächst vier mittelgroße, festkochende Kartoffeln ankochen, das heißt schälen, in halbzentimeterdicke Platten hobeln und sprudelndem Salzwasser überantworten, dann schleunigst den Topf vom Feuer, die Gäste wekken und sie das klugerweise vorher gekaufte Kilogramm Schwarzwurzeln schälen lassen. Diese in leicht gesüßtem, aber auch gesalzenem Kräuteressigwasser garen. Dauert ein Stück.

Jetzt fällt uns ein, daß wir ja seit gestern abend eine halbe Handvoll getrocknete Spitzmorcheln in Milch eingeweicht haben. Primstens! Die sechsunddreißig Kammern bei jedem Pilz auf Vollständigkeit überprüfen. Leicht ausdrücken, gegebenenfalls vierteilen und in Butterschmalz brutzeln. Weißen Pfeffer drauf. Dann zwei halbe Eßlöffel Weizenmehl darüberstäuben, mit der Pilzmilch auffüllen und je nach Laune Schwarzwurzelkochwasser hinzu. Fehlt noch die Knoblauchzwiebel, Quatsch! -zehe. Warmstellen. Mehlfeinde heben zween Eßlöffel Mascarpone unter. Nicht mehr kochen. Auch warmstellen.

Olivenöl, Kartoffelplatten und eine Eisenpfanne miteinander in Kontakt bringen, salzen, weißpfeffern, wenden, Paprikapulver drüber, abermals wenden, Konsistenz prüfen und kurz bevor die Sache erledigt ist, eine dünn geschnittene Zwiebel beigeben (soll nicht braun werden).

Die Schwarzwurzeln brauchen keine Ewigkeit – schwuppdiwupp: fertig. Die Gäste können wieder vom Balkon kommen, Platz nehmen und beim stärkenden Imbiß die Impressionen der vergangenen Nacht durchsprechen.

Im übrigen sind hier getrocknete Morcheln, notfalls gekaufte, den frischen vorzuziehen. Zum einen fällt der Jahreswechsel nicht in ihre Zuständigkeit, und wer wohnt schon im Auenwalddistrikt und hat die Vegetation sekundengenau unter Kontrolle. Außerdem: Der Standort Morchel ist strenggenommen keiner. Dieses Jahr hier, nächstes Jahr dort. Nie zu der Gelegenheit, zu der man sie vermutet. Dafür immer, wenn man nicht mit ihr rechnet. List und Verschlagenheit möchte man diesem Pilz fast unterstellen, rein oberflächlich betrachtet. Man kann es jedoch auch als Herausforderung ansehen, auf Verläßlichkeiten zu pfeifen und sich der Überraschung auszuliefern. Ist es nicht das, was wir mit der Pilzsuche verbinden? Und ist dann, so interpretiert, die Fruktifikation der Spitzmorchel nicht vielleicht auch ein Stück Lebenshilfe? Sicher!

Fehlt aber der Zugriff auf Spitzmorchelvorkommen, können wir das alles komplett vergessen. Und uns selber auch – wenn das Jahr schon so losgeht …

So, schön aufessen und wieder hinlegen.

Anhang

1. Literaturauswahl

Baier, Jiří: Pilze sammeln und essen. Praha, 1987.
Bielli, Ettore: Funghi. Novara, 1997.
Bon, Marcel: Pareys Buch der Pilze. Hamburg/Berlin, 1988.
Carluccio, Antonio: Pilze für Feinschmecker. München, 1996.
Cetto, B.: Der große Pilzführer. 4 Bände. München/Wien/Zürich, 1979–1984.
Cramer, Erich [Hg.]: Mitteleuropäische Pilze. Sammlung Naturkundlicher Tafeln. Hamburg, 1964.
Dittmer, Werner: Frische Pilze selbst gezogen. München/Wien/Zürich, 1990.
Gerhardt, Ewald: BLV Handbuch Pilze. München/Wien/Zürich, 1996.
Hagara, Ladislav: Illustriertes Lexikon der Pilze. Erlangen, 1995.
Kindt, Volkmar: Speisepilze selbst angebaut. Berlin, 1978.
Lamaison, Jean-Louis/Polese, Jean-Marie: Grand Guide Encyclopédique des Champignons. Losange, 1998.
Michael, Edmund/Hennig, Bruno/Kreisel, Hanns: Handbuch für Pilzfreunde. 6 Bände. Jena 1981–1987.
Montag, Karin: Pilze. Stuttgart, 2000.
Rippchen, Ronald [Hg.]: ZauberPilze. Solothurn/Löhrbach, 1994.
Rudolf, Michael [Hg.]: Der Pilz-Rabe. Zürich, 1998.
Ders.: Hexenei und Krötenstuhl. Ein wunderbarer Pilzführer. Leipzig, 2001.
Starosta, Paul/Epinat, Christian: Pilze. Köln, 1999.
Svrček, Mirko/Kubička, J.: Le multiguide nature des champignons d'Europe. Praha, 1984.
Volk, Renate/Volk, Friedhelm: Pilze sicher bestimmen und delikat zubereiten. Stuttgart, 1999.

2. Zeitschriften

Der Champignon, Bund der Deutschen Champignonzüchter, Godesberger Allee 1, 53123 Bonn, Tel.: (0228) 810026, erscheint sechsmal jährlich.

Der Tintling Die Pilzzeitung, Lebacher Str. 3, 66839 Schmelz, Tel.: (06881) 91448, www.tintling.com, erscheint fünfmal jährlich.

Zeitschrift für Mykologie, Bert-Brecht-Str. 18, PF 1119, 85386 Eching, www.dgfm-ev.de, erscheint zweimal jährlich.

3. Mykologische Organisationen

Arbeitsgemeinschaft für Pilzkunde Vulkaneifel, www.dgfm-ev/apv/apv.html

Arbeitsgruppe Mykologie in Greifswald, www.uni-greifswald.de˜mycology

Deutsche Gesellschaft für Mykologie, www.dgfm-ev.de

Interessengemeinschaft Pilzkunde und Naturschutz e.V., www.dgfm-ev/ipn/ipn.html

Mykologische AG Hannover, ourworld.compuserve.com/homepages/schilling_A

Mykologischer Arbeitskreis Rhein-Neckar e.V., www.my.nichols.de/fungus/mak/mak.html

Naturwissenschaftlicher Verein für Bielefeld und Umgegend e.V./AG Mykologie, www.nwv-bielefeld.de/myko.html

Pilzfreunde Herne, www.pilzfreundeherne.de

Pilzfreunde Saar-Pfalz e.V., www.1964.13xodox.com

Pilzkundliche Arbeitsgemeinschaft Berlin-Brandenburg e.V., www.fiz-chemie.de

Verein für Pilzkunde München e.V., www.mushrooms-pilze.de

4. Pilzbezugsquellen

[Bruten]
Forschungsinstitut Dr. Khanaqa/Trüffelzucht, members.aol.com/drkhanaqa/frame_d.htm
Hawlik Euro-Pilzbrut, www.euro-pilz.de
Hornberger Pilzzentrum, www.pilzzentrum.de
Pfälzer Pilzebaum, www.pilzebaum.de
Pilzzucht Nicola Krämer, www.shiitake.de

[Frischpilze/Trockenpilze etc.]
AP Delicatessen Richard Pakutka, www.trockenpilze.de
Bioland Pilzzucht Dr. Jürgens und Partner, www.bioland-pilzzucht.de
Danner Pilz-Naturkost, www.danner-pilze.de
Georg Baier GmbH Waldfrüchte-Konservenfabrik, www.baier-online.com
Pilzversand Renate Zollner, www.pilzversand.de
Pilzvertrieb Rex, www.members.tripod.de/pilzvertrieb
Pilzzucht Adelhorn, www.pilzzucht-adelhorn.de

5. Beratungsstellen/Giftinformationszentralen

Toxikologischer Auskunftsdienst des Universitätsklinikums Leipzig
Härtelstr. 16–18
04107 Leipzig
Telefon: (0341) 31 19 16

Beratungsstelle für Vergiftungserscheinungen und Embryonaltoxikologie
Spandauer Damm 130
14050 Berlin
Telefon: (030) 192 40 (Notfall) und 30 68 67 11
Fax: (030) 30 68 67 21

Universitätsklinikum Rudolf Virchow
Abt. Innere Medizin mit Schwerpunkt Nephrologie und Intensivmedizin
Augustenburger Platz 1
13353 Berlin
Telefon: (030) 45 05 35 55 und 45 05 35 65
Fax: (030) 45 05 39 15

Zentralstelle zur Beratung bei Vergiftungsfällen
I. Medizinische Universitätsklinik
Schittenhelmstr. 12
24105 Kiel
Telefon: (0431) 597 42 68
Fax: (0431) 597 13 02

Untersuchungs- und Beratungsstelle für Vergiftungen
Labor Dr. Hess und Kollegen
Karthäuserstr. 3
34117 Kassel
Telefon: (0561) 918 83 20
Fax: (0561) 918 81 99

Georg-August-Universität Göttingen, Kinderklinik und Poliklinik
Robert-Koch-Str. 40
37075 Göttingen
Telefon: (0551) 192 40 (Notfall) und 39 62 39
Fax: (0551) 383 18 81

Toxikologische Untersuchungsstelle Labor Dr. Stein und Kollegen
Wallstr. 10
41061 Mönchengladbach
Telefon: (02161) 819 40
Fax: (02161) 81 94 50

Informationszentrale gegen Vergiftungen, Zentrum für Kinderheilkunde der Rheinischen Friedrich-Wilhelms-Universität Bonn
Adenauerallee 119
53113 Bonn
Telefon: (0228) 287 32 11 und 287 33 33
Fax: (0228) 287 33 14

Beratungsstelle bei Vergiftungen, II. Medizinische Klinik und Poliklinik der Johannes-Gutenberg-Universität
Langenbeckstr. 1
55131 Mainz
Telefon: (06131) 19240 (Notfall) und 232467
Fax: (06131) 176605

Universitätskliniken, Klinik für Kinder- und Jugendmedizin
66421 Homburg/Saar
Telefon: (06841) 19240 (Notfall) und 168315
Fax: (06841) 164017

Universitäts-Kinderklinik Freiburg, Informationszentrale für Vergiftungen
Mathildenstr. 1
79106 Freiburg
Telefon: (0761) 19240 (Notfall) und 2704361
Fax: (0761) 2704457

Giftnotruf München, Toxikologische Abteilung der II. Medizinischen Klinik rechts der Isar der Technischen Universität München
Ismaninger Str. 22
81675 München
Telefon: (089) 19240
Fax: (089) 41402467

II. Medizinische Klinik des Städtischen Klinikums, Toxikologische Intensivstation
Flurstr. 17
90419 Nürnberg
Telefon: (0911) 3982451
Fax: (0911) 3982299

Gemeinsames Giftinformationszentrum der Länder Mecklenburg-Vorpommern, Sachsen, Sachsen-Anhalt und Thüringen
Nordhäuser Str. 74
99089 Erfurt
Telefon: (0361) 730730
Fax: (0361) 7307317

6. Pilzregister

7. Abbildungsnachweis

Tafelteil. Aus *Mitteleuropäische Pilze*, bearbeitet von Dr. J. Poelt und Dr. H. Jahn. Originalzeichnungen von Claus Caspari, München. – © Kronen-Verlag Erich Cramer, Hamburg.
Außer: Elfenbeinröhrling, Filziger Milchling, Kaiserling, Riesenträuschling, Shiitake. Aus *Handbuch für Pilzfreunde*, herausgegeben und bearbeitet von Hanns Kreisel, Jena 1986.

RECLAM-BIBLIOTHEK

Jürgen Roth/Kay Sokolowsky

Lügner, Fälscher, Lumpenhunde

Eine Geschichte des Betrugs

Mit Gastbeiträgen von F. W. Bernstein, Eckhard Henscheid und Michael Rudolf
383 Seiten. RBL 1721. 22,– DM
ISBN 3-379-01721-3

Rückhaltlose Aufklärung als Massenbetrug? Lügen an allen Fronten? Politiker gekauft und geschmiert? Das Land ein schwarzes Loch der Korruption?

Jürgen Roth und Kay Sokolowsky diagnostizieren eine sich gegenwärtig rasant beschleunigende Karriere von List und Tücke, Lug und Trug in Kultur, Staatsbürokratien und Medien. Der Betrug wird allgemein und systematisch. Signifikante Vorfälle aus der politischen und der neueren Militärgeschichte werden ebenso inspiziert wie Beispiele aus dem aktuellen Mediengeschehen.